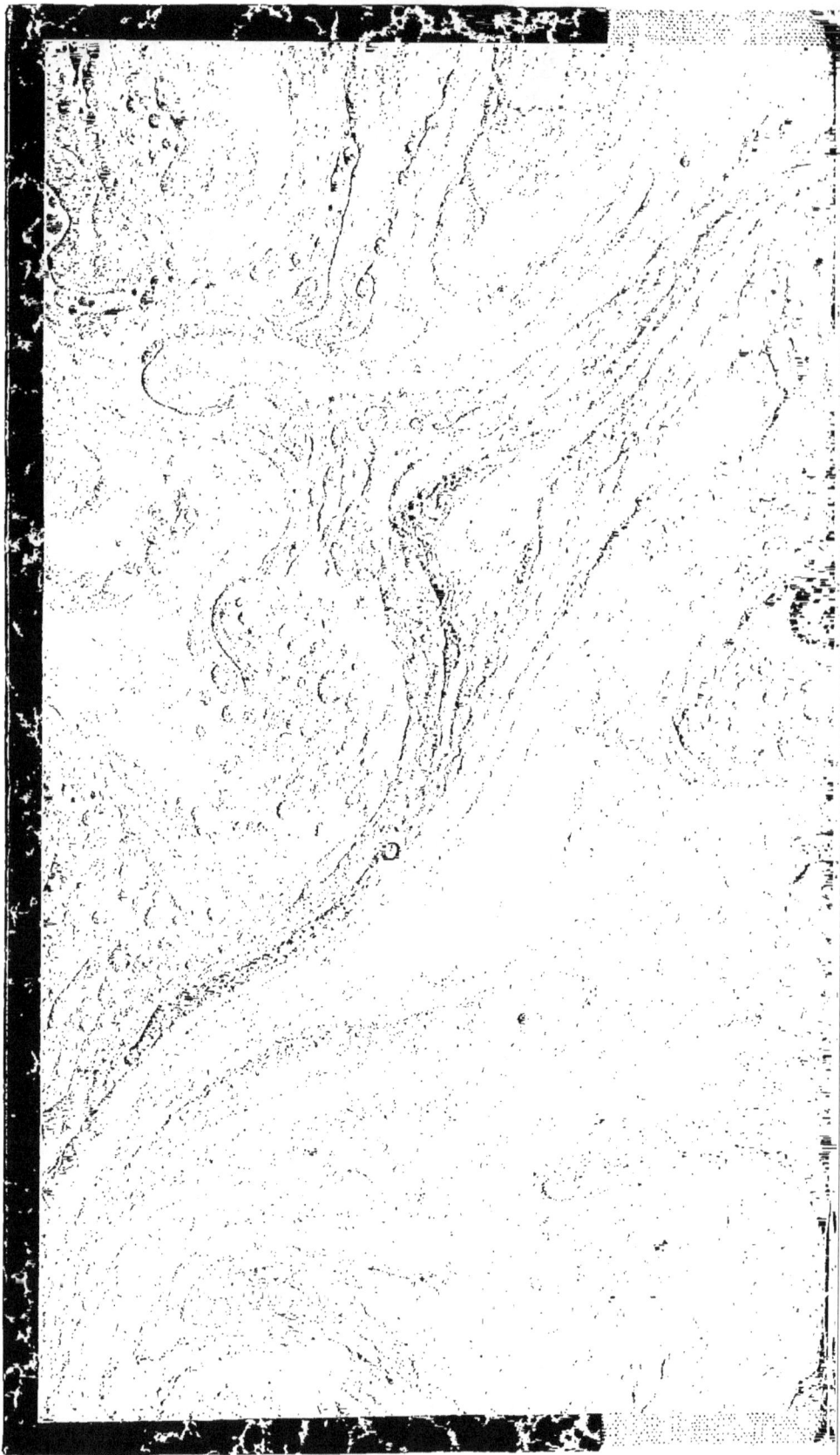

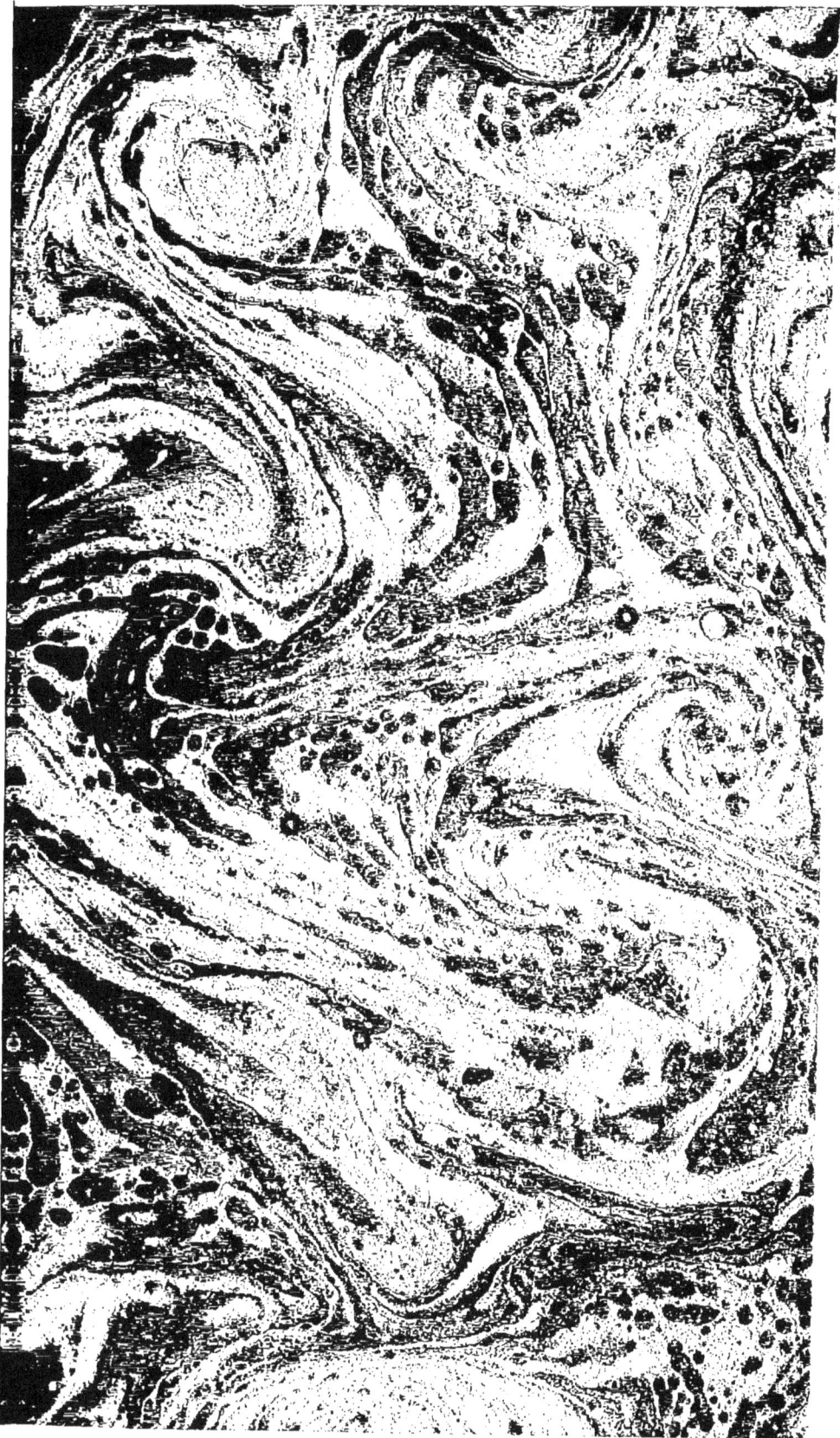

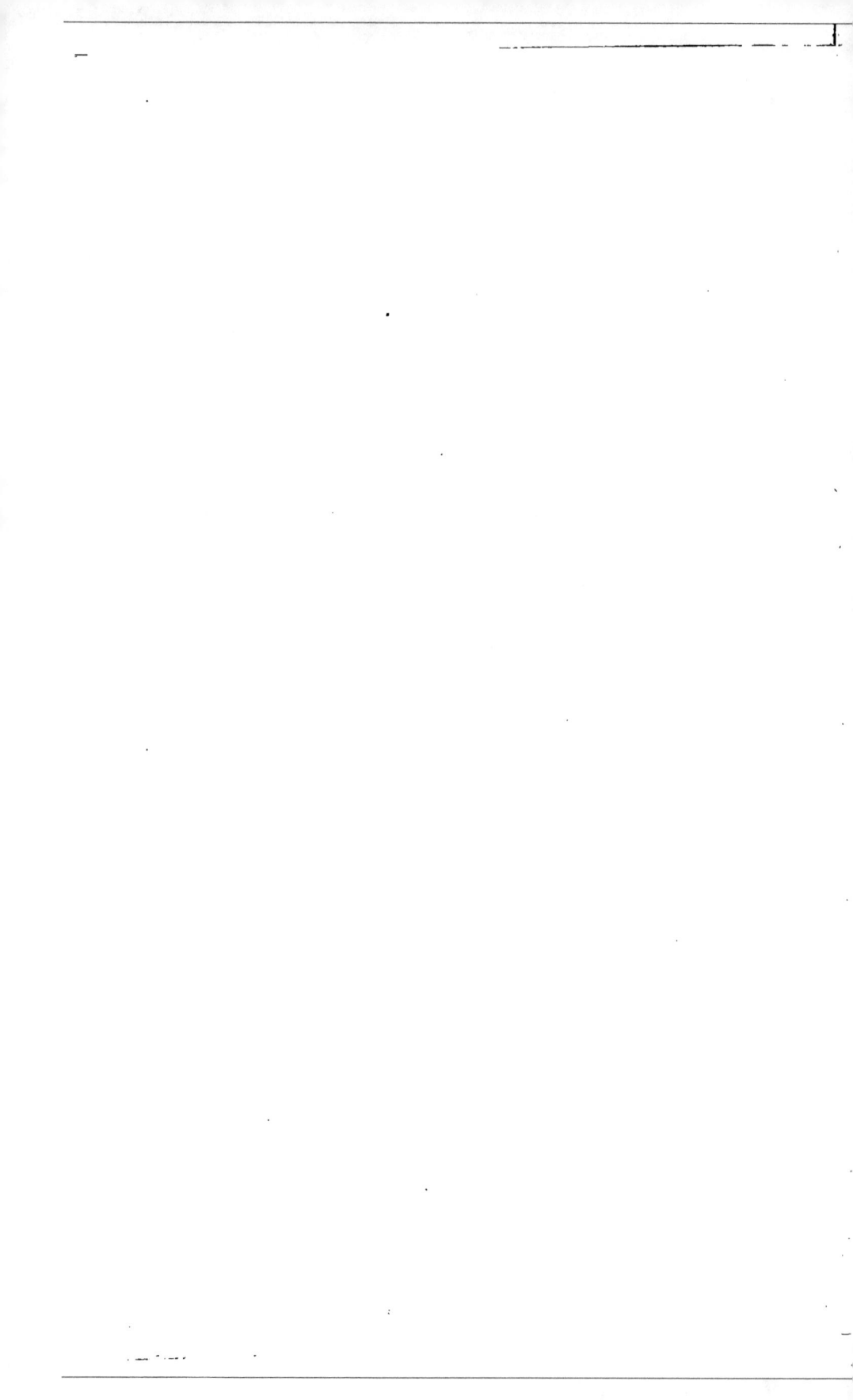

UN INDUSTRIEL D'AUTREFOIS.

—

IN-8°. — 3ᵐᵉ SÉRIE.

Il se trouva hors le bois et en face d'une maisonnette,
page 44.

UN

INDUSTRIEL D'AUTREFOIS

OU

VIE D'OBERKAMPF

Par Mme A DEPUICHAULT.

LIMOGES

EUGÈNE ARDANT ET Cie, ÉDITEURS.

UN INDUSTRIEL D'AUTREFOIS.

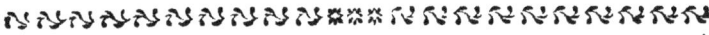

CHAPITRE PREMIER.

Le mois d'octobre effeuillait les bois ; les jours devenaient courts, surtout en Suisse où les montagnes font ombre, et le vent qui avait couru sur la Gislifluh pinçait si fort les joues de la jeune Luisa que celles-ci en étaient toutes rouges

D'habitude le visage de la jeune fille était sans couleur.

Luisa avait tout pâle, le teint, le regard, les cheveux, voire même la vie.

Enfant sans mère, elle souriait peu, ou bien si elle souriait, son sourire s'effaçait en naissant.

Ce jour-là cependant elle se pendait toute joyeuse au bras de son frère Philippe.

Celui-ci formait avec sa sœur un frappant contraste. Grand, mince, élancé, il était plus robuste que l'on ne l'est ordinairement à son âge (il n'avait que dix-huit ans), et paraissait aussi plus raisonnable.

Son œil noir brillait d'intelligence ; mais il avait en même temps la physionomie si empreinte de bonté, surtout lorsqu'il fixait sa sœur, qu'il vous devenait immédiatement sympathique.

On sentait, en voyant ce grand et beau garçon, qu'il avait un cœur et que ce cœur était tout entier dévoué aux autres.

« Ma chérie, dit-il en se tournant avec une sollicitude toute naturelle du côté de Luisa, il faut absolument reprendre le chemin d'Aarau.

Ne sens-tu pas sur tes épaules la fraîcheur du soir?

— Je sens avec un plaisir indicible l'air frais qui ravive mes poumons, et je veux rester dehors, répliqua la jeune fille, aussi longtemps que le soleil! Vois! combien la montagne est belle ainsi illuminée!... Les glaciers lancent mille feux..., c'est véritablement un spectacle enchanteur! Dieu! que je plains, continua-t-elle, les pauvres habitants des pays plats!.... Que de privations ils endurent! Et combien ils doivent s'ennuyer de la monotomie de leurs paysages! »

Philippe sourit. « Il est plus que probable, dit-il, qu'ils s'accommodent fort bien des aspects de la plaine, le pays où l'on est né étant toujours celui que l'on aime le mieux!

— Tu vois bien que non, puisque je préfère le canton d'Argovie au marquisat d'Anspach qui m'a vue naître, reprit Luisa.

— Oh! tu étais si petite lorsque nous avons

quitté l'Allemagne, que tu n'a pas eu le temps de t'y attacher! D'autre part, ajouta le frère, la Suisse étant la terre classique des artistes, des poètes et des gens romanesques comme toi, ma petite sœur, il est tout naturel que tu la traites en vraie patrie! »

Luisa fit la moue. « Est-ce donc se montrer romanesque, dit-elle, que d'aimer et d'admirer les beaux effets de la nature? A ce compte n'es-tu pas aussi romanesque que moi ?

— J'en conviens; à cela près que je n'y sacrifierais pas ma santé !

— Dis la mienne, mon frère.

— C'est au moins un point de plus à noter en faveur de ma sagesse, méchante fille, car tu sais fort bien que je fais plus de cas de ce qui te concerne que des choses qui me touchent personnellement.

— Oui, je le sais, mon bon Philippe.

— Alors, rends-toi à mes raisons, reprit le frère. D'ailleurs, continua-t-il, nous avons un double motif pour prendre en hâte le chemin du logis. J'entends la cloche de l'usine qui sonne la rentrée des ouvriers. C'est à peine si nous avons le temps d'arriver pour l'heure du repas. »

Luisa soupira. « Rentrons donc, puisqu'il le faut, dit-elle, et surtout parce que tu le désires, bien qu'il soit grand dommage d'abandonner les champs juste au moment où ils ont le plus d'attraits.

— Nous y reviendrons demain, dit Philippe.

— Demain, tu diras comme aujourd'hui : il fait froid ; rentrons, petite Luisa. »

Philippe se prit à rire. « Eh bien, chère enfant, reprit-il, nous y reviendrons le printemps prochain. D'ici là tu auras grandi et ta poitrine sera devenue moins accessible, ou du moins elle supportera mieux l'air vif de la montagne.

— Hélas ! répondit mélancoliquement la

jeune fille, suis-je bien sûre de t'avoir pour compagnon le printemps prochain.

— Pourquoi préjuges-tu si mal de l'avenir, repartit le frère.

— Je ne préjuge pas, je suis certaine, dit Luisa, que tu auras quitté Aarau avant six mois. Je le sens, ajouta-t-elle, en appuyant sa petite main sur son cœur! Je le sens au chagrin que j'éprouve d'avance de notre séparation et aussi à la consolante espérance que tu réaliseras en France ce que les sots de ce pays appellent dans leur ignorance les songes creux du père Christophe!

— Pauvre père, reprit Philippe, si savant et si incompris!... Mais dis-moi, Luisa, comment as-tu deviné que la France est le pays de mon aspiration?

— Au soin que tu prends pour le cacher et aussi parce que, en dépit de mon admiration pour la Suisse, le même sentiment fait battre mon cœur. Oui! continua-t-elle avec animation,

j'éprouve comme toi un attrait indicible pour
la patrie de notre bien aimée maman! Je
désire comme toi connaître l'Alsace qui l'a
vue naître. Versailles où elle a passé sa jeunesse... Je voudrais pouvoir me promener
sous les ombrages du beau parc du roi, voir
jouer ses grandes eaux! admirer la magnifi-
cence du palais! me repaître enfin la vue des
belles dames de la cour, qui viennent dans
de beaux carrosses et avec de si beaux atours
que c'est à peine si je puis m'en faire une
idée!... Oh oui! oh oui! je désire autant que
toi aller en France!

— Si tu t'imagines que je désire aller à
Versailles pour y voir les belles dames et les
beaux messieurs descendre de carrosse, tu te
trompes étrangement, ma chère sœur, répliqua
Philippe.

— Je ne m'imagine rien de semblable,
monsieur le sévère, reprit Luisa. Je sais fort
bien ce qui t'attire à Paris, et c'est très fran-
chement que je m'associe à la réussite de tes

secrètes espérances, bien que je te paraisse
peut-être en ce moment un peu frivole pour
notre parenté. Après tout, continua-t-elle d'un
ton malin, tout le monde n'est pas taillé pour
la renommée et la gloire, et c'est bien heureux ;
car, s'il arrivait que je fusse aussi sage que
toi, et en surplus aussi savante, peut-être
notre amitié en souffrirait-elle ; car enfin il
pourrait se faire que je fusse mieux que toi
favorisée par le sort, et tu ferais comme papa
qui ne supporte pas qu'on lui parle d'un com-
merçant plus heureux que lui !...

— Il a si peu de chance et tant de volonté,
notre pauvre père ! répondit Philippe.

— C'est bien vrai, reprit Luisa qui soupira
profondément ; en vérité je me reproche d'avoir
parlé si légèrement des peines si amères de
son existence. »

Après cette réflexion les deux jeunes gens
restèrent quelques instants sans parler... ils
descendaient la montagne et la respiration

de Luisa ne lui permettait plus de placer un mot.

Philippe la considérait anxieusement. — Veux-tu que je te porte? lui dit-il en la voyant hors d'haleine.

— Vraiment non... nous voici arrivés, et d'ailleurs je ne suis pas aussi essoufflée que je parais! Devine à quoi j'ai pensé pendant ces instants de silence qui t'ont donné une physionomie si malheureuse? J'ai pensé à tes projets... et à l'instant même où j'invoquais Dieu pour leur réussite, j'ai aperçu dans le ciel des nuages formant une croix; aussi je suis certaine d'être exaucée. Tiens! il me semble même qu'en ce moment quelque chose de doux comme l'aile d'un ange passe sur mon cœur et me le dit...

— Chère mignonne, reprit Philippe, puisses-tu prédire vrai; mais, poursuivit-il, tu ne te doutes guère, mon enfant, des difficultés qui s'opposent à ce que mes vœux soient exaucés!... et la première de toutes d'abord, c'est que

mon père ne veut pas absolument me permettre de quitter sa manufacture.

— Tu veux dire sa teinturerie.

— Je dis sa manufacture, reprit Philippe
en rougissant, parce que, à l'art de la teinturerie, mon père en joint un autre moins
important : celui de la fabrication des toiles
peintes !... malheureusement, pour ce dernier
produit, il opère dans un cadre trop restreint.
Il faudrait pour le mécanisme du rouleau dont
il est l'inventeur un essor plus vaste, et c'est
là, si Dieu me prête vie, le but où converge-
ront tous mes efforts. Oui s'écria Philippe, je
le ferai adopter par tout l'univers !

— L'univers ! répéta Luisa ; vous êtes ambi-
tieux, monsieur Philippe Oberkampf. Peste !
vous n'allez pas de main morte dans vos
souhaits !... Moi je suis plus modeste, et je
ne demande pas autre chose que son adoption
en France.

— Si la France l'adopte, l'univers l'adoptera,
fillette, et nos souhaits auront le même ré-

sultat, répondit Philippe ; car vois-tu, sœurette, continua-t-il, la France donne le ton au monde entier !... Ah ! si seulement je savais le français ! s'écria le jeune homme.

— Tu partirais immédiatement pour Paris, même sans le consentement de papa, reprit la jeune fille.

— Jamais, Luisa ! jamais ' Jamais je ne tenterai une entreprise en commençant par une désobéissance. Dieu ne la bénirait pas. »

Ceci se passait en 1759, c'est-à-dire à une époque où les enfants ne croyaient pas pouvoir se passer de l'assentiment de leurs parents pour choisir une carrière et décider leur avenir.

Non seulement à cette époque le père de famille était consulté pour le choix d'un état, mais encore sa volonté faisait loi, et nul ne songeait à s'y soustraire.

Les enfants ne croyaient pas pouvoir se rendre eux-mêmes l'arbitre de leur destinée

sans s'exposer à commettre une faute dont le
succès même ne les eût pas entièrement absous
aux yeux de la société d'alors. Or, le père de
Philippe, M. Christophe Oberkampf, avait une
telle répugnance pour tout ce qui était français, que son fils n'osait même pas, pour
ainsi dire, aborder la question d'aller chercher
fortune à Paris.

Ainsi que l'avait dit Philippe à Luisa, le
teinturier Oberkampf n'avait pas eu de chance.
Inventeur d'un procédé qui aurait dû lui procurer la gloire et la fortune, il avait vu ce
procédé rejeté de toutes parts ; puis sa femme
avait, durant le cours de leur union, si amèrement regretté l'Alsace qui était son pays,
qu'il avait pris ce pays en horreur.

Christophe Oberkampf, irrité des regrets que
ne cessait de manifester sa femme, s'était juré
que jamais ses enfants ne reverraient la France,
et il veilla même avec un soin jaloux à ce
que sa femme n'en apprit pas la langue à son
petit garçon.

Quant à Luisa, la pauvre Gertrude Oberkampf était morte en lui donnant le jour...

Le soir dont il était question, Philippe et sa sœur trouvèrent leur père en rentrant au logis en grande conférence avec un étranger.

Les jeunes gens, qui étaient en retard, augurèrent bien de cette circonstance ; car il était rare que les visites, de quelque nature qu'elles fussent, ne déridassent point le front soucieux de M. Oberkampf, celui-ci espérant toujours à la vue d'un inconnu qu'il était l'homme destiné par la Providence à lui faire rendre justice en appréciant ses découvertes et à les faire apprécier aux autres !

Cependant, et contre son habitude, M. Oberkampf écoutait l'étranger d'un air soucieux et sa physionomie annonçait plutôt l'inquiétude que l'espérance. A l'entrée de Luisa dans l'appartement, l'étranger se leva et vint droit à elle et lui prit sans façon la main dans la sienne.

Cette manière un peu trop familière d'agir

fit monter le rouge au front de la jeune fille ;
elle allait retirer sa main , lorsque sur un
signe de son père elle se résigna à la lui
laisser. L'étranger alors tira sa montre de son
gousset, la porta à son oreille et parut menta-
lement faire un calcul ; puis au bout de quelques minutes il s'écria joyeusement :

— Allons ! elle va moins mal que vous l'aviez
supposé, monsieur Oberkampf.

— Ainsi, reprit celui-ci avec un léger trem-
blement dans la voix , je m'étais alarmé à
tort.

— Non, pas tout à fait à tort, répondit le
médecin ; mademoiselle est sur la pente du
mal, mais c'est tout ! Or, avec un traitement
hygiénique , en couchant dans l'étable , par
exemple , en se privant des promenades du
soir, nous viendrons à bout de vraincre son
tempérament. Remettez-vous, jeune fille ,
ajouta-t-il d'un ton de bonté en se tournant
vers Luisa ; je suis ici pour vous soulager et
non pour vous causer quelque peine... Quant

à vous, jeune homme, dit-il en fixant Philippe, nous n'avons pas les poumons délicats! Tudieu! quelle santé, c'est à faire frémir un médecin!... Est-ce qu'ils n'auraient pas la même mère? ajouta-t-il en interrogeant du regard M. Oberkampf.

— Je vous demande pardon, répliqua celui-ci; mais ma pauvre Gertrude était joyeuse et contente quand elle me donna Philippe, tandis qu'elle se mourait de nostalgie quand elle mit au monde notre petite Luisa, et je vous avouerai que je n'attribue pas à un autre cause sa faiblesse de constitution.

— Cette cause n'a pas été sans influence, c'est certain, reprit le médecin; mais je vous le répète, l'état général de la santé étant bon, nous triompherons du malaise momentané qu'elle éprouve. »

Cette assurance ayant ramené la sérénité sur le front du père de famille, on ne songea plus qu'à recevoir dignement l'hôte du logis. Le repas fut gai, et, lorsqu'il fut terminé, il va

sans dire qu'on visita la manufacture ; c'était
un impôt obligatoire pour quiconque visitait
la maison Oberkampf ; mais, hélas ! le cher
homme ne tarda pas à s'apercevoir qu'en dépit
de son intelligence, le médecin de Strasbourg
n'était pas l'être prédestiné à devenir le pro-
moteur de ses découvertes !

Il avait écouté presque avec distraction les
explications que M. Oberkampf avait multi-
pliées sur le mécanisme du rouleau dont il
attendait tant de merveilles, et la politesse
seule avait retenu sur ses lèvres l'expression
d'impatience qu'il éprouvait des longueurs du
récit ; du reste, M. Oberkampf l'avait autant
que possible abrégé en dissimulant son désappointement.

Les dessins de Philippe eurent un tout
autre sort.

A cette époque, où la chimie gardait encore
tous ses secrets, les planches en bois, qu'on
employait pour les dessins à la main, étaient
une grande rareté et celles que Philippe avait

gravées pour l'usage de la manufacture de son père parurent si extraordinaires au médecin, qu'il n'hésita pas à dire que, si Philippe allait à Paris, il trouverait facilement un emploi à la manufacture de toiles peintes de l'Arsenal, la seule qui fût en ce temps-là autorisée par le gouvernement, et qu'il s'offrait à lui en faciliter l'entrée.

Cette ouverture fit monter aux joues le sang de Philippe, ses yeux étincelèrent et il allait ouvrir la bouche pour répondre à la bienveillance dont il était l'objet, quand, sur un regard de son père, il baissa les yeux et se tut.

— Monsieur, reprit M. Oberkampf d'un ton froid, mon fils est nécessaire ici, et j'ai décidé que je l'y garderais jusqu'à sa majorité ; toutefois, votre obligeance m'est précieuse, et je vous serai reconnaissant si vous voulez bien lui donner une lettre de recommandation, quoique je ne sache pas s'il aura ou non l'occasion de s'en servir.

— J'espère au contraire, qu'il l'utilisera promptement, reprit le médecin.

— Hé! monsieur, s'écria avec amertume M. Oberkampf, ignorez-vous donc que le roi Louis XV est l'ennemi juré de l'industrie des toiles peintes et qu'il ne tolère qu'à regret celle de l'Arsenal?... Pourquoi Philippe irait-il se heurter à ce mauvais vouloir? Ce n'est certes pas avec les dispositions actuelles du gouvernement français qu'on peut espérer faire fructifier l'idée de nouveaux procédés pour cette branche de commerce.

— Qui sait? reprit le médecin, l'avenir est entre les mains de Dieu, et votre fils a un talent de graveur fort remarquable. Si les préjugés qui existent aujourd'hui contre les toiles peintes viennent à céder quelque jour devant l'intérêt général, il peut avoir l'occasion de faire fortune.

— Dieu vous entende! répondit le teinturier, et qu'il confonde mon incrédulité sur ce point, ne pouvant m'empêcher de douter de ce résultat. »

CHAPITRE II.

Je ne vous raconterai pas les châteaux en
Espagne que Philippe et Luisa bâtirent sur la
possibilité, ou plutôt sur la chance que la
lettre du médecin donnerait à Philippe de
pouvoir un jour ou l'autre réaliser le souhait
qu'il faisait d'aller chercher fortune en France.

Cette chance était le sujet habituel de leurs
conversations. Philipe avait établi dans l'étable,
où Luisa, suivant l'ordonnance, devait vivre
pendant l'hiver, tout un atelier où il venait

travailler le soir. Là, le frère et la sœur devisaient sur ce qu'ils diraient ou ne diraient pas quand le moment serait venu d'aborder avec leur père la question de ce grand voyage de France, objet des rêves de Philippe ; mais ni l'un ni l'autre ne se sentait le courage d'en parler le premier.

Cependant le printemps était revenu et rien n'annonçait que M. Oberkampf se souvînt de l'incident qui avait marqué la visite du médecin, quand un matin de la fin d'avril, Philippe reçut l'ordre d'aller trouver son père dans son bureau.

Le bureau de M. Oberkampf était presque un sanctuaire d'où les profanes étaient exclus. Personne n'y était admis, sinon les ouvriers les jours de paie, encore se tenaient-ils derrière un grillage à travers les barreaux duquel M. Oberkampf leur passait le montant de leurs journées, et signait leur livret.

Philippe, dans tout le cours de sa vie, n'était guère entré plus de trois fois dans le bureau

de son père. La dernière fois qu'il y était
venu, c'était le jour de la première communion
de Luisa, et pour y recevoir avec elle la bénédiction de M. Oberkampf. Sa main trembla
donc bien fort lorsqu'il se trouva en face de
la porte et prêt à soulever le loquet.

Il hésita, toussa, fit du bruit, afin de se
donner une contenance ; puis, sur l'invitation
un peu rude de M. Oberkampf, qui lui cria
d'entrer, il s'introduisit.

— Assieds-toi, Philippe, dit le père, en
abaissant le ton de son organe de façon à le
rendre presque doux, assieds-toi, prends un
tabouret et causons : pourquoi trembler, petit ?
ce que j'ai à te communiquer n'est dur qu'à
moi, et rien dans ma physionomie, je l'espère
du moins, n'est de nature à te causer une
alarme... Regarde-moi en face et surtout
réponds avec franchise : Tu désires me
quitter ?

— Oh ! dit Philippe en faisant un soubre-
saut.

— Oui, continua le père amèrement, tu désires me quitter, tu brûles de partir pour la France. Tu as soif de mettre à profit la lettre de recommandation que le médecin de Strasbourg t'a donnée pour le directeur de la manufacture de l'Arsenal ; le titre de graveur de cette manufacture te semble l'échelon obligé de l'échelle de tes rêves, et tu as hâte de poser le pied dessus.

Pourquoi baisser la tête ?... Est-ce que ma voix contient un reproche ?... A peine si je lui permets d'exprimer combien je souffre de ton illusion ; du reste, j'ai assez vécu pour savoir que l'expérience d'autrui n'a jamais servi à personne, et ce n'est pas pour essayer de te faire profiter de la mienne que j'ai désiré t'entretenir ; mais, bien au contraire, pour te dire : Tu veux partir pour la France ? tu veux me quitter ? hé bien ! soit, je n'y mets aucune opposition ; bien plus, je t'y autorise ; au besoin, je t'y engagerais.

— Oh ! mon bien-aimé père ! s'écria

Philippe, n'allez pas croire au moins que je sois un fils ingrat, que je veuille partir pour me soustraire plus tôt à votre autorité... Ne pensez pas surtout que je m'éloignerai de vous avec bonheur !

— Et cependant, répliqua M. Oherkampf, tu souhaites cet éloignement; que dis-je? tu y aspires avec l'ardeur que les jeunes gens mettent à leurs souhaits.

— Oui et non, répliqua Philippe. Mon cœur, à cet égard, est rempli de contradictions; car tandis que mon esprit vole avec enthousiasme à la suite de mes espérances et rêve la France, mon cœur saigne rien qu'à la seule pensée de vous quitter, ma sœur et vous; je sens un chagrin mortel s'emparer de moi en songeant que je ne vous verrai plus, et cependant l'espoir de donner à votre nom la gloire qui lui est due me ravit en même temps d'un indicible orgueil.

— Chimères, mon cher Philippe, chimères que cet espoir.

— Pourquoi chercher à me décourager, père, repliqua le jeune homme, pourquoi vouloir m'arrêter dans la voie de la lutte que vous avez soutenue vous-même avec tant de vaillance? Espérez avec moi, cela vaudra mieux; avec moins de génie que vous, je possède néanmoins un avantage qui vous a toujours manqué, celui de pouvoir, grâce à mon talent de graveur, travailler seul ; or, avec cet avantage, il ne me manque que l'occasion pour utiliser vos procédés, et je compte sur la divine Providence pour me la fournir.

— Il y a du vrai dans ceci, répliqua M. Oberkampf ; bonne chance donc! mais, en vérité, quand je réfléchis aux difficultés qu'il te faut surmonter, le découragement s'empare de moi. Et d'abord, continua-t-il avec douleur, as-tu songé à celle qui découle de ma pénurie ? En dépit des efforts que je fais pour dissimuler les embarras de ma position, tu vois, malheureusement, qu'ils sont nombreux. Le peu d'argent que j'encaisse est dû d'avance aux ouvriers, et il me serait difficile, pour ne pas dire impossible, de te fournir l'argent nécessaire à ton voyage par le coche.

— Oh! pour aller à Paris, s'écria Philippe, je n'ai besoin que d'un bâton, et le premier buisson de houx m'en fournira un!

— C'est fort bien, mais comment vivras-tu le long du chemin? il y a loin d'ici à Paris.

— Je vivrai de la vente des mouchoirs de la fabrique, dont je ferai une balle.

— Et si tu tombes malade?

— Dieu y pourvoira, père. Il veille sur le petit passereau, pourquoi voulez-vous qu'il m'abandonne?

— Enfin tu es décidé?

— Sauf votre consentement, mon bien-aimé père.

— Je te l'ai donné, et je n'y ajouterai qu'un

conseil, reprit M. Oberkampf : sois sage et prudent, Philippe. Ne te mêle à aucune querelle de la jeunesse des écoles, et prémunis-toi d'avance contre l'enivrement d'un succès, dans le cas, bien incertain, où tes espérances ne seraient pas déçues ; car il est plus facile de garder un jugement sain dans l'affliction, que de conserver la droiture et la simplicité dans la fortune.

— Je jure de rester digne de vous, père, s'écria Philippe en se jetant dans ses bras.

Lorsque leur émotion réciproque fut un peu calmée, M. Oberkampf observa que leur entretien lui ayant fait perdre une partie de la matinée, il désirait être seul.

— Va, mon fils, dit-il à Philippe, va retrouver ta sœur ; passez ensemble ce dernier jour. La nouvelle de ton prochain départ va, si je ne me trompe, lui causer une grande douleur.

— Elle a souhaité ce départ autant que

moi, cher papa, il est donc impossible qu'elle en conçoive du chagrin.

— Ta , ta, ta, reprit M. Oberkampf, cela ne l'empêchera pas de souffrir, mon cher Philippe, l'amitié étant toujours inconséquente et quelque peu égoïste.

CHAPITRE III.

M. Oberkampf avait prédit juste lorsqu'il avait dit à Philippe que Luisa ressentirait quelque peine en apprenant que l'événement qu'elle avait tant souhaité était près de s'accomplir.

Hélas! cet événement allait briser ses plus douces joies. C'en était fait de la vie en commun.

Désormais elle restait seule !

Son frère chéri allait vivre loin d'elle. Il s'éloignait peut-être pour toujours.

— Oh ! si seulement j'étais sûre de notre réunion, lui dit-elle en pleurant, dans une dernière pomenade qu'ils firent à Gislifluh, tandis que Philippe coupait ce fameux bâ'on de houx avec lequel il allait affronter les dangers du voyage ; si j'étais certaine de te revoir un jour, mais Paris est si loin et l'avenir si incertain.

— Quel que soit l'avenir, repliqua Philippe, il nous réussira, sois en convaincue, ma petite Luisa. Sois certaine que je reviendrai en Argovie, soit pour me réjouir de la réussite du but que je poursuis...

— Oh ! je ne tiens pas à ce que tu reviennes ici, répondit Luisa, en se baissant pour cueillir une primevère, qui avait fleuri sur la montagne, je désire plutôt que tu fasses un assez belle fortune pour nous mander en France, le père et moi.

— Crois-tu donc qu'il consentirait à venir m'y trouver ? répondit Philippe d'un ton incrédule.

— Sans aucun doute. Il est las de la lutte, le pauvre père, et si tu te fondes un établissement, il sera heureux d'aller s'y reposer comme chez lui.

— Et ce sera bien effectivement chez lui qu'il viendra, chère sœur; car, ce que je compte appliquer, il l'a inventé, lui!... Mais quelle folie, Seigneur, ajouta-t-il en s'interrompant, d'escompter à l'avance les chances d'un succès que je n'obtiendrai peut-être jamais.

— Le succès dépend souvent de la volonté, reprit Luisa. Vois cette primevère, n'a-t-elle pas été bien téméraire de pousser et de fleurir quand la froidure pouvait encore geler ses feuilles? Hé bien! elle a réussi ; tu réussiras comme elle... je le sens là!... Et la fillette porta la main à son cœur.

Son frère la regarda tendrement. — Donne-moi cette fleurette, dit-il, elle est aussi fragile que mes espérances, et je te promets de la conserver avec soin. Or, s'il arrive que les dites espérances prennent un corps, je te la renverrai sous enveloppe, et tu sauras ce que cela voudra dire.

— Cela voudra dire de faire mon paquet pour aller te trouver en France. O chère petite fleur, ajouta-t-elle, en la baisant, avant de la passer à Philippe, puisses-tu me revenir avant d'être flétrie !

Le lendemain de cette conversation, Philippe Oberkampf se mit en route.

Aujourd'hui, le voyage de Suisse en France se fait facilement : les voitures, les chemins de fers, les routes qui abondent en tous sens, offrent mille moyens de locomotion, et, dût-on même faire le chemin à pied, comme jadis Philippe Oberkampf, bien des difficultés qui existaient alors seraient d'avance aplanies.

Autrefois il n'en était pas ainsi ; les routes étaient rares, les chemins de fer n'existaient pas, et le nombre des personnes qui pouvaient sûrement vous indiquer le chemin le plus direct était fort restreint, presque personne ne quittant ses foyers, sinon dans des causes extraordinaires.

Philippe, ayant été une fois à Brugg avec son père, se décida à descendre l'Aar jusque-là, afin de suivre ensuite le cours du Rhin, pour se rendre à Bâle, plutôt que de rechercher à gagner la frontière par le Liestall, dont la route était plus directe, mais lui offrait aussi plus de chances pour s'égarer.

Les premiers jours de voyage lui causèrent une sorte d'enivrement. A la douleur bien naturelle qu'il avait éprouvée en quittant son père et sa sœur, avait succédé, presque subitement et tout à fait malgré lui, une joie intime dont il se sentait même un peu honteux. Cette joie lui semblait une sorte d'ingratitude envers ceux qu'il laissait; mais c'était plus fort que lui, il marchait le front haut, le cœur allègre, et avec cette foi dans l'inconnu qui est le privilége de la jeunesse.

Il s'arrêta deux jours à Brugg, autant pour s'y reposer que pour vendre ses mouchoirs et s'informer plus sûrement de l'itinéraire qu'il devait suivre ; ayant appris qu'il lui fallait, avant d'arriver à Bâle, traverser en entier la forêt du Hard, il regretta presque de n'avoir pas pris le chemin de Liestall, mais il n'était plus temps de revenir sur ses pas.

Philippe avait calculé ses étapes de façon à avoir tout un jour devant lui pour traverser la forêt du Hard qui, bien que d'une étendue de treize cents arpents, lui causa un mortel effroi A vrai dire, et à cette époque où aucun sentier ne la traversait, il était assez naturel qu'un jeune homme seul et sans armes éprouvât quelques appréhensions en s'engageant sous ses voûtes sombres.

Le jour où Philippe s'y aventura, le temps était magnifique et même trop chaud pour la saison. Tout était gai sous le soleil : les halliers, la verdure et les mousses. Les petits oiseaux gazouillaient à l'envi, et la solitude n'était troublée que par leurs chants et le bruit que faisaient les écureuils en sautant d'une branche à l'autre.

Philippe s'étant muni de provisions s'arrêta vers le milieu du jour au bord d'une source pour y déjeuner. A ce endroit, le bois ayant une éclaircie et le soleil tombant d'aplomb sur le ruisseau qui traversait la clairière, le jeune homme aperçut une si grande quantité d'écrevisses qu'il n'eut besoin pour en pêcher que de se servir de la fourchette de son couteau.

Quand il en eût fait une ample moisson, il songea à les emporter, mais c'était là qu'existait l'embarras. Comment faire ! Les mettre dans sa balle au contact de son linge et de ses marchandises !

Il ne fallait pas y penser. Cependant, comme il espérait retirer à Bâle certain gain de la vente de ses écrevisses, il lui semblait dur d'abandonner son butin.

Ayant donc avisé une touffe de jonc et

reconnu, en jetant un regard sur le ciel, que le soleil était encore haut, il se décida à confectionner tant bien que mal une corbeille.

En conséquence, il s'assit et le voilà travaillant avec ardeur.

En dépit de ses efforts, la besogne alla lentement ; Philippe était infiniment moins expert en vannerie qu'en dessin, il se faisait tard quand il eut achevé la tâche qu'il s'était donnée. Pour comble de maux, de gros nuages noirs s'étaient amoncelés dans les cieux et le tonnerre ne tarda pas à gronder... Puis une pluie torrentielle finit par inonder le bois.

Tout d'abord Philippe s'en garantit en s'adossant à un arbre, mais il vint un moment où ce mince abri fut insuffisant.

L'orage, un orage terrible, dura au moins une heure. Philippe était mouillé jusqu'aux os lorsqu'il se calma ; cependant, comme il n'était pas facile à déconcerter, il se remit presque gaiement en route ; mais dès les premiers pas il s'aperçut qu'il s'était égaré.

Se rappelant qu'il avait effectivement quitté le sentier frayé pour venir au bord de la source, il essaya de retourner en arrière, espérant qu'en suivant le ruisseau il retrouverait facilement l'endroit où il avait déjeuné. Hélas ! ce fut en vain qu'il essaya... Plus il marchait et moins il reconnaissait cette partie du bois qu'il avait parcourue dans la matinée. Les arbres étaient plus hauts, plus touffus ; l'ombre aussi commençait à se répandre.

Lui fallait-il donc se résigner à passer la nuit sous l'humidité de cette forêt, en butte non seulement à l'intempérie, mais à la rencontre des carnassiers qui ne pouvaient manquer d'être nombreux dans cette solitude ?

La crainte des bêtes féroces et autres mauvaises rencontres le talonnant, il profita d'un dernier rayon de lumière pour tenter encore une fois de sortir de l'espèce de labyrinthe dans lequel il se sentait enserré ; mais la nuit vint tout à coup l'empêcher de poursuivre sa marche.

Philippe, hors d'haleine et harassé de lassitude, prit le parti de poser sa balle à terre ; il s'assit dessus, se résignant à attendre le lever de la lune pour reprendre sa course...

Il y avait quelques minutes qu'il se reposait, lorsque l'idée lui vint de se servir de sa clarinette pour jouer le rappel dont les petits bergers montagnards se servent pour s'appeler et se répondre d'un pic à un autre.

Il tira l'instrument de son étui, essuya les cuivres et entonna le chant.

Le premier couplet était à peine terminé qu'à sa grande surprise on lui répondit, non pas avec un instrument, mais avec la voix ; une voix mélodieuse, mais dont le son affaibli témoignait de son éloignement.

Philippe, au comble de la joie, répéta l'air afin de se rendre bien compte, par la réponse, de l'endroit d'où partait cette voix ; puis il

ploya bagage, passa dans ses bras les bretelles
de sa balle et se dirigea en tâtonnant du côté
où on lui avait répondu.

A peine Philippe eut-il fait cent pas dans
cette direction qu'il se trouva hors le bois et
en face d'une maisonnette de laquelle ne
sortait aucune lumière, mais dont il distinguait
parfaitement la toiture, maintenant que la
masse épaisse des arbres ne faisait plus ombre
devant lui.

A tout hasard Philippe s'avance vers cette
maison; il allait soulever le loquet de la porte,
quand, celle-ci s'ouvrant toute grande; il vit
la forme svelte et gracieuse d'une femme se
dresser devant lui, tandis que deux beaux bras
blancs lui enlaçaient le cou.

— Enfin! te voici, mon cher Hanz, dit en
même temps une voix argentine.

— Eh non, folle! ce n'est pas Hanz, répartit
tout aussitôt une autre voix; ce n'est pas Hanz.
A l'avenir, sois moins prompte à reconnaître
ton seigneur et maître.

A ces mots Philippe se retourna et vit poindre à l'horizon, c'est-à-dire à la lisière de la forêt, le profil sévère d'un bûcheron qui, la cognée sur l'épaule, tendait les mains à la jeune femme.

On s'expliqua.

La jeune femme, qui avait nom Lisbeth, avait cru, en répondant à Philippe, répondre à son mari, qu'elle attendait à cette heure, suivant son habitude.

Pendant cette explication la vieille mère avait jeté dans l'âtre quelques pommes de pin et rallumé un feu auprès duquel les deux hommes vinrent se sécher.

Hanz invita cordialement Philippe à faire halte chez lui; il était nouvellement marié et il aimait à faire rayonner autour de lui le bonheur qu'il ressentait d'une union conclue selon son cœur.

Philippe accepta sans façon, en objectant

toutefois qu'il pourrait peut-être se rendre à Bâle après souper.

— Du diable si vous êtes capable de passer la Birse ce soir! répondit Hanz; vous êtes à plus d'une lieue de la ville !

— Je serai donc, en ce cas, revenu sur mes pas au lieu d'avancer, dit Philippe.

— Certainement, répliqua Hanz; mais consolez-vous, la paille du fenil est fraîche et la soupe de la mère ne vous laissera aucun regret d'être contraint de vous en contenter pour ce soir.

Et sur quelques explications que Philippe lui demanda sur la manière dont il avait pu s'égarer en traversant la forêt, Hanz lui répondit :

— Je suis, mon cher monsieur, aussi neuf que vous dans ce pays; il y a seulement un mois que j'y demeure et que j'y exerce l'état de bûcheron. Jusqu'à ce jour j'ai demeuré à Augst-Kaiser, où j'étais employé dans une teinturerie ; mais ayant fait connaissance de Lisbeth, et sa mère s'obstinant à ne pas me la donner si je ne consentais à venir vivre ici près d'elle, j'ai abandonné un métier dans lequel j'étais expert, pour une profession à laquelle je ne connais absolument rien.

Excusez-moi , ajouta Hanz , car je n'ai pas absolument tort en regrettant que mon inclination n'ait pu s'accorder avec mes anciennes occupations : nous nous en serions tous mieux trouvés les uns et les autres ; je crains que le métier de bûcheron ne me soit peu lucratif.

— C'est un rude métier, répartit Philippe, rude surtout pour ceux qui n'y sont pas faits dès l'enfance ; et si quelque jour, monsieur Hanz, ajouta-t-il en se tournant vers ce dernier, vous étiez las de l'exercer et que vous voulussiez reprendre votre premier état, voici l'adresse de mon père. Vous trouverez toujours un emploi dans sa manufacture.

— Eh quoi ! s'écria Hanz. vous êtes le fils

de M. Oberkampf, le fabricant de toiles peintes?

— Je suis ce fils, et pour preuve je vais offrir à ces dames un échantillon de nos produits.

Disant cela, Philippe ouvrit sa balle et en sortit deux charmants fichus.

Lisbeth et sa mère s'extasièrent en les recevant; Hanz n'en pouvait croire ses yeux.

— Et où allons-nous donc comme ça, mon jeune maître; demanda-t-il.

— En France, monsieur Hanz, répliqua Philippe. Je vais en France chercher fortune; et si la bénédiction du bon Dieu s'étend sur moi, vous aurez de mes nouvelles. Je vous le promets; et puisque vous êtes teinturier, et que nécessairement j'aurai besoin d'aide, eh bien alors peut-être nous reverrons-nous!

— Jamais, s'écria Lisbeth, jamais je ne quitterai le voisinage du Hard, serait-ce pour habiter un palais; Hanz le sait bien.

— Qui sait, reprit Philippe, qui sait ce que l'avenir décidera? peut-être serez-vous la première à me rappeler l'offre que je vous fais ici de bon cœur. Quoi qu'il en soit, ne négligez pas de prier pour ma réussite, cela ne vous engage en rien et ne peut que m'être favorable, madame Lisbeth !

— Oui, nous prierons pour vous, dirent la mère et la fille.

Et cette promesse de prier, elles la renouvelèrent le lendemain matin, au moment du départ du voyageur.

Grâce à sa lettre de recommandation, Philippe n'eut aucune difficulté, en arrivant en France, pour entrer en qualité de graveur à l'Arsenal. Il était temps! il ne possédait plus un rouge liard, et sa balle était aussi vide que ses poches; mais le jeune Oberkampf possédait un caractère trop bien trempé pour se laisser aller au découragement. Son traitement à l'Arsenal était à peine suffisant pour payer sa nourriture et son entretien; néanmoins il ne murmura jamais et supporta sans se plaindre pendant plus de deux ans, les plus grandes privations.

« Depuis déjà bien longtemps, écrivait-il à Luisa au bout de ces deux années, depuis longtemps la fleur de la primevère que tu as cucillie sur la Gislifluh est fanée ; ses pétales flétris sont tombés en pousssière sans que j'aie pu y porter remède.

Toutefois j'ai agi avec la plante comme avec mes espérances, auxquelles je ne permets jamais de m'abandonner entièrement ; quand l'une fuit, l'autre renaît, et ainsi de la primevère. L'ovaire avant gardé sa graine, je l'ai semée ; et vienne le printemps, elle reverdira à ma fenêtre... Ne nous désespérons donc pas, chère sœur, si le destin jusqu'ici n'a rien fait pour moi. »

Philippe, malgré tout, était moins philosophe qu'il voulait le paraître, et voyait avec douleur les mois se succéder sans que rien ne vint améliorer sa position

Luisa, de son côté, avait fort à faire pour contenir le découragement de son père et l'empêcher de communiquer ses défaillances à Philippe.

Ce dernier vivait fort solitaire, passait ordinairement ses moments de loisirs à se promener dans les environs de Paris, ou bien encore à rendre visite à un homme qui, s'il eût été dans une autre situation, aurait pu lui être d'une grande ressource ; mais l'abbé Morellet, lancé à cette époque dans un société de nobles, de savants et de tout ce que la France possédait de plus illustre, avait rarement le temps nécessaire pour remonter l'esprit défaillant de Philippe et l'empêcher de se désespérer ; malgré tout, c'était aux courts instants qu'il passait avec l'abbé Morellet qu'il devait la sérénité d'âme qu'il conservait, en dépit des déboires et des ennuis causés par sa position précaire tout autant que par les incertitudes de l'avenir.

Comment l'abbé Morellet et Philippe avaient-ils lié connaissance ?

D'une façon toute narurelle.

L'abbé Morellet, ami du nouveau et des sciences, avait justement traversé la Suisse avec un jeune homme dont il faisait l'éducation peu de mois après que Philippe l'eût quittée, s'étant arrêté à Aarau, où il avait visité la manufacture de M. Oberkampf et reçu de Luisa des détails sur le frère qu'elle regrettait, de nature à lui donner l'envie de le connaître.

L'intelligence de Philippe le frappa d'autant plus que, jeune encore lui-même, il devina combien il lui fallait de courage et de persévérance pour résister à la vie qu'il menait à l'Arsenal. Il se fit donc un devoir de l'aider à la supporter et lui donna les conseils les plus judicieux, ne voulant pas absolument lui permettre de douter de l'avenir lui prédisant, tôt où tard, le succès dans ses espérances.

— Je ne sais pas comment il arrivera, lui lisait-il, mais il arrivera, n'en doutez pas.

Malgré tout, Philippe en doutait; depuis quelque temps surtout, il était devenu morose, et c'est à peine si l'abbé pouvait lui arracher. un mot.

— C'en est fait de vous, lui dit-il un jour, si vous tombez dans la misanthropie... Pourquoi vous obstiner aussi à refuser quelques parties de plaisir?... L'homme n'est pas fait pour vivre seul, mais en société. Je sais que vos compagnons se plaignent de votre éloignement... Ne leur laissez pas supposer que vous vous croyez plus sage qu'eux.

Philippe avait bien envie de répondre que ce qui l'éloignait de ses camarades était moins le désir de la solitude que la nécessité de restreindre ses dépenses, mais l'orgueil retint cet aveu sur ses lèvres, et d'ailleurs il se sentait décidé à secouer, coûte que coûte, l'ennui qui s'était emparé de lui. Or, les employés de l'Arsenal ayant résolu d'aller fêter la Saint-Louis dans un cabaret hors barrière, il se mêla à leur troupe joyeuse.

Ils marchaient bras dessus bras dessous, chantant des noëls tout en suivant le faubourg Montmartre, quand l'un d'eux, avisant un grand placard annonçant une loterie, proposa de prendre un billet sur la masse d'argent dont ils s'étaient munis pour le dîner.

— Nous tirerons au sort à qui appartiendra le billet, dit-il, et s'il gagne, nous nous régalerons une seconde fois.

La proposition ayant été acceptée avec enthousiasme, on procéda immédiatement au tirage au sort.

Celui-ci favorisa Philippe.

Philippe n'avait jamais mis le pied dans une agence de loterie. Ce lieu étant un de ceux dont M. Oberkampf avait interdit la fréquentation à son fils, et nous savons que celui-ci suivait de point en point les avis paternels, il fut donc assez embarrassé lorsque, sur l'invitation de ses amis, il entra avec eux afin de faire l'achat du billet dont il devait faire l'endos.

Le prix de ce billet se trouva être juste d'une somme égale à celle qu'il donnait chaque jour pour son dîner.

Cette circonstance le frappa.

Eh quoi! se disait-il intérieurement, je pourrais en me serrant le ventre pendant seulement la moitié d'un jour acquérir la la chance de gagner un lot d'une centaine de livres, peut-être plus? En vérité, l'occasion est tentante, messieurs, ajouta-t-il en se tournant vers ses camarades. Vous ne trouverez pas mauvais qu'en dehors du billet commun, j'en prenne un qui m'appartienne exclusivement.

Et il leur montra un carré de papier portant l'estampille de l'agence et le numéro 15.

— C'est le chiffre de l'âge de ma sœur, ajouta-t-il, et s'il gagne quelque chose, je vous prends à témoins de n'employer l'argent qu'à une œuvre que je regarde comme sainte, à celle...

— De l'emploi du fameux rouleau Chris-

tophe, n'est-ce pas cela, monsieur le Caton ?
reprit en goguenardant un de ses camarades.

— Vous l'avez dit, monsieur, répondit fort
sérieusement Philippe, le triomphe des découvertes industrielles de mon père est et sera
toujours le but unique de ma vie.

Tous les employés partirent d'un fou rire.

— Ce pauvre Philippe, disait l'un, le naïf
bonhomme, reprenait un autre... et dire
qu'il est sérieux, ajoutait un troisième... Il
est fou, ma parole d'honneur, s'écrièrent-ils en
masse.

— Pourvu qu'il ne confonde pas les billets,
reprit l'aînée de la compagnie. Je ne veux
pas, quant à moi, si nous gagnons, verser
mon gain dans l'alambic des songes du père
Christophe.

— Soyez sans inquiétude, reprit froidement
Philippe; à chacun son bien, reprenez le
vôtre.

Et, bon gré malgré, il rendit le billet dont il était porteur.

M. Oberkampf avait eu raison de prémunir son fils contre le funeste penchant qu'ont certains·jeunes gens de se livrer aux jeux du hasard.

A partir du jour où Philippe prit son billet de loterie, il ne pensa plus à autre chose, fut incapable d'aucun travail et passa toutes les nuits sans dormir.

C'est en vain qu'il se tournait et retournait sur sa couche, le bienfaisant sommeil ne venait pas, ou bien si le pauvre garçon parvenait à s'assoupir, c'était pour rêver gain ou perte ; quelquefois aussi il se réveillait en sursaut, croyant entendre le crieur public annoncer les numéros gagnants, et parmi ceux-ci le numéro 15...

Philippe se mourait littéralement d'impatience, et se morfondait surtout d'être obligé de concentrer en lui-même l'inquiétude ainsi que l'espérance dont il était dévoré.

Un jour, n'y pouvant plus tenir, il alla voir l'abbé Morellet.

C'était la veille du jour où devait se tirer la fameuse loterie.

— Parbleu! mon jeune ami, dit l'abbé en riant, lorsqu'il l'aperçut, il est dommage que vous ne soyez pas en fonds, car voici le cas ou jamais de mettre en pratique les découvertes de M. Oberkampf.

— Que voulez-vous dire, monsieur? répliqua Philippe tout ému.

— Ce que vous savez sans doute, mon cher Philippe, c'est-à-dire que Sa Gracieuse Majesté Louis XV a enfin rapporté le veto qui interdisait la libre fondation des manufactures de toiles peintes... Dorénavant celles-ci pourront s'établir sans entrave; et, d'honneur! j'ai pensé à vous en lisant l'ordonnance... Mais comment se fait-il que vous ne soyez pas informé d'un fait qui vous intéresse si fort ?...

Non. Philippe n'en savait absolument rien ; il l'avoua à l'abbé en même temps qu'il lui confessa l'histoire de son billet de loterie et les espérances fiévreuses qui l'agitaient depuis qu'il en était possesseur.

L'abbé Morellet fronça le sourcil et blâma Philippe, non seulement de s'être laissé tenter par l'appât illusoire du gain, mais encore d'avoir cédé à cette soif du jeu qui, surtout à cette époque, dévorait tant d'existences.

— Je n'aime pas, dit-il à voir un jeune homme risquer son nécessaire ; car il arrive quelquefois qu'après avoir mis et perdu à la loterie son pain quotidien, il en vienne toujours par la voie de la tentation, à y risquer son propre honneur. Promettez-moi donc, Philippe, ajouta-t-il de ne plus retomber dans ce travers ; du reste, considérez l'aberration dans laquelle vous êtes tombé à ce propos.

Philippe en convint et jura de ne plus recommencer.

— Surtout si le sort vous favorise, reprit l'abbé.

— Oh! si je gagne n'importe quoi, monsieur, répliqua Philippe, soyez certain que je ne songerai plus à rien, sinon à l'emploi de l'argent, tel que j'en ai fait le serment d'avance, c'est-à-dire à appliquer sur la fabrication des toiles peintes la théorie des découvertes de mon père.

— Eh bien en ce cas, bonne chance, reprit l'abbé.

Puis ils se séparèrent.

Le lendemain, Philippe, qui s'était donné pour consigne de ne point perdre sa journée, avait été comme d'habitude à l'Arsenal, et il s'y était livré à ses occupations habituelles, sans vouloir permettre à son esprit de s'égarer dans des suppositions qui le faisaient tantôt trembler de bonheur ou frémir de désappointement.

La plupart des autres employés n'avaient

point imité sa sagesse : ils étaient partis pour l'agence, afin de connaître plus tôt le sort de leur billet.

Vers cinq heures du soir, Philippe, ne les voyant pas rentrer, s'achemina vers son logis, qui comme on le sait, n'était pas des plus brillants... Il fallait monter quatre étages pour y parvenir, et Philippe éprouvait ce jour-là une répugnance invincible à aller s'y enfermer. Toutefois, et afin de commencer la réforme dont il avait fait la promesse à l'abbé Morellet, il s'engagea résolûment dans l'escalier; mais quelle ne fut pas sa stupéfaction en arrivant devant sa porte de voir écrits et collés dessus ces mots en grosses lettres : Le numéro 15 à gagné six cents livres.

Vu la valeur du numéraire, la somme ne laissait pas que d'être forte.

Philippe faillit en devenir fou de joie.

— Mes bons amis, dit-il à ses camarades qui tous l'attendaient dans sa chambre, mes chers

compagnons, ne me traitez ni de ladre ni
d'avaricieux si je ne partage pas mon gain
avec vous ; mais vous le savez, j'ai fait un
serment, et ce serment je le tiendrai... Si
j'obtiens la réalisation du but que je me suis
donné, j'en fais un autre, c'est de vous donner
part à ma bonne fortune.

Cette annonce ne fut nullement du goût des
camarades ; la plupart haussèrent les épaules
en se promettant de ne plus le fréquenter ;
quelques-uns jurèrent tout bas de le faire repentir de sa conduite. Mais Philippe ne leur
en laissa pas le loisir, car de ce même jour il
quitta son emploi à l'Arsenal, afin d'être plus
libre pour chercher aux environs de Paris un
endroit favorable à ses projets.

CHAPITRE IV.

Ainsi que je l'ai déjà dit, Philippe, s'était par raison d'économie, logé dans un des plus vilains quartier de la capitale.

Il habitait la rue Mouffetard, dans le faubourg Saint-Marceau.

Bien souvent notre héros, pour lequel chaque chose qu'il voyait ou entendait était un sujet d'étude, avait réfléchi, tout en se promenant au bord de la Bièvre, à la fortune que la propriété des eaux de cette rivière avait valu deux siècles plus tôt à Jean Gobelin, fortune si considérablement augmentée par ses descendants que le quartier tout entier avait fini par prendre le nom de l'établissement qu'il avait fondé, c'est-à-dire celui des Gobelins.

En conséquence, et dès le lendemain de son gain à la loterie, il descendit gaiement les quatre étages de la rue Mouffetard dans le but de remonter la Bièvre jusqu'à sa source et d'acheter sur ses bords, si faire se pouvait, un terrain ou une maison pour y établir à son tour une manufacture.

Il déjeuna à Gentilly et s'en fut coucher à Amblainvilliers ; il procédait lentement, comme tous ceux destinés à réussir.

Entre la Bièvre et Buc, la vallée de Jouy le séduisit, non par la richesse de ses aspects, mais parce qu'à côté du misérable petit bourg de Jouy, situe sur les bords marécageux de la rivière, une habitation était à vendre, et que son prix d'acquisition n'excédait pas les ressources dont Philippe pouvait disposer.

Le marché fut vite conclu, et ce dernier vint s'y fixer. Il commença son œuvre par l'assainissement du terrain, puis, et parce qu'il lui aurait été difficile, pour ne pas dire impossible, de payer des ouvriers, il entreprit courageusement de suffire tout seul à la besogne et d'être tout à la fois le graveur, l'imprimeur et le teinturier de la nouvelle manufacture.

Il va sans dire qu'il employa le fameux rouleau inventé par son père.

Ses efforts furent couronnés d'un immense succès, succès tel que peu s'en fallut que l'envie et la jalousie ne parvinssent à en arrêter l'essor.

On procéda de deux sortes pour atteindre ce but. Le premier moyen qu'on employa fut d'essayer de prouver au gouvernement que la nouvelle industrie allait tuer celle des soies et des tissus.

Le second, en créant une concurrence à Sèvres. Plusieurs commerçants et financiers fondèrent une compagnie qui dépensa des sommes folles en matériels, bâtiments, achats de terrains, etc.

Dans ces circonstances, Philippe écrivit à son père, à Luisa et à Hanz, qui déjà depuis un an avait quitté la forêt du Hard pour la teinturerie d'Aarau.

Il invitait M. Oberkampf à venir le rejoindre, il le priait de lui amener Hanz, enfin il sollicitait Luisa de venir à Jouy et de lui apporter par sa présence le secours du cœur dont il avait tant besoin pour braver les effets de la malveillance dont il était l'objet.

« Si vous ne venez promptement me rejoindre, ma sœurette, lui écrivait-il, mon entreprise si heureusement commencée échouera ; car je suis incapable de la mener seul à bonne fin, entouré comme je le suis par des rivaux curieux et jaloux... Tu ne peux te faire une idée de ce que ce déchaînement des mauvaises passions me cause d'ennui! Et cependant le succès a surpassé mon attente! Il a surpassé tout ce que nous avions rêvé pendant le cours de nos promenades, déjà si lointaines, sur la Gislifluh.

Viens donc bien vite, mon amie, jouir de ce succès; viens avec le père. Amenez Hanz, sa Lisbeth, sa vieille mère et le petit bonhomme... Vous me réconcilierez avec l'espèce humaine. J'oublierai au milieu de vous qu'il existe des hommes qui ne peuvent voir le bonheur d'autrui... Que ces hommes sont cruels dans leur envieux égoïsme, et combien peu ils me connaissent! Ah! s'ils savaient à quel point je les aime! S'ils savaient combien il m'est doux de penser qu'un jour, grâce à mon activité et à la divine Providence, ma manufacture sera le secours, que dis-je? la fortune de l'ouvrier!... que le pays me devra sa richesse, et la France un peu de gloire. Oui! j'ose l'espérer, la France me devra de la gloire...

Oh! que je t'aime aussi, ma petite Luisa,

pour avoir cultivé en mon âme la reconnaissance et l'amour de Dieu!

Avec quelle foi je prie quand ton souvenir
est de moitié dans ma prière! Et comme ce
sera bon, dorénavant, de prier en commun sans
avoir recours au souvenir! »

Cette affectueuse lettre ne recevant aucune
réponse, Philippe en devint tout bouleversé;
cependant, et parce que le proverbe veut que
point de nouvelles signifie bonnes nouvelles,
il se rassura, espérant de jour en jour voir
arriver son père et sa sœur.

— S'ils n'écrivent pas, c'est qu'il viennent.
se disait-il pour se consoler.

Un soir, et à l'heure où il attendait plus
spécialement ses parents, l'abbé Morellet se
présenta à la manufacture.

L'homme de Dieu n'eut pas besoin de parler
pour faire appréhender un malheur à Philippe...
Sur le front du prêtre, le jeune homme lut
une sentence funèbre.

— Mon père! Luisa! s'écria-t-il en l'aper-
cevant, que leur est-il advenu? Monsieur
l'abbé, où est mon père?... répéta-t-il avec
angoisse.

— Dans le séjour des justes, mon enfant!

— Oh ciel! il est mort il est mort au moment
d'être heureux! au moment de jouir du fruit
de ses veilles! s'écrie Philippe. O monsieur
l'abbé, le sort est injuste.

— Ne murmurez pas, mon cher fils, reprit
l'abbé. Votre père reçoit sans doute en ce
moment le prix de ses vertus; préparez-vous
par la résignation à n'en point être séparé
éternellement.

— Mais ma sœur? ma chère bonne sœur?
demanda Philippe.

— Elle est en route pour venir vous rejoindre avec la famille Hanz, répondit le
prêtre.

C'est ainsi que la joie du retour, ou plutôt
celle de se retrouver après une longue absence,

fut troublée, pour le frère et la sœur, par cet événement toujours douloureux de la mort d'un père...

Comme il arrive quelquefois, alors que la fortune vous donne un sourire, l'avenir un espoir, le présent un rayon de bonheur, tout cela vient tomber dans un malheur qui met le cœur en deuil : ainsi le veut la Providence, afin de nous avertir que la parfaite félicité n'est pas de ce monde.

M. Oberkampf avait succombé presque sans souffrir, sous l'influence d'une maladie chronique dont il était atteint depuis plusieurs années.

Luisa, maintenant une jeune fille, prit immédiatement en arrivant à Jouy, la direction des livres de caisse de son frère... La mère de Lisbeth eut le département de la cuisine, et Lisbeth celui de la lingerie.

Hanz, en délivrant Philippe des soins de la teinturerie, lui permit de se livrer tout entier au dessin.

Le dessin pour étoffes étant un genre tout
particulier et dans lequel s'amalgament la
figure, le paysage, l'ornement, les fleurs, voire
même la géométrie, nécessite certaines apti-
tudes pour réussir... Tout à la fois fantai-
siste et soumis aux règles du compas, il faut
pour y exceller, cultiver cet art exclusivement,
et c'est en cela que le concours de Hanz, le
délivrant des soins matériels de l'usine, fut
précieux à Philippe.

Ainsi déchargé par sa sœur et ses amis du
gros de la besogne, Philippe créa des merveilles.

Dès lors, la réputation des toiles peintes de
Jouy devint européenne... D'une autre part,
l'abbé Morellet, que nous retrouvons toujours
aux côtés de Philippe dans l'œuvre bienfai-
sante dont il dota la France, l'abbé Morellet
écrivit un mémoire qui obtint du conseil
d'Etat un arrêt qui étouffa les effets de la malveillance à laquelle la manufacture de Jouy
était en butte depuis son érection ; puis, la

concurrence qu'on avait essayé de lui faire en créant un établissement à Sèvres n'ayant pas réussi, Philippe acheta à vil prix le beau matériel qu'on avait voulu lui opposer.

Cette dernière circonstance acheva de le rendre maître de la position. Son commerce, ainsi que je l'ai dit, devint européen, et il poussa si loin l'amour de son œuvre, qu'il envoya jusque dans l'Inde des ouvriers chargés de dérober aux Indiens le secret de leurs couleurs.

Sa fortune suivit le cours de sa réputation et devint immense.

Mais ce fut en vain que l'on proposa à Luisa des superbes partis, la jeune fille refusa toutes les propositions, quelque brillantes qu'elles fussent; il lui aurait fallu les acheter par une concession à laquelle son cœur se refusait, c'est-à-dire quitter son frère chéri et les honnêtes familles de Jouy, dont beaucoup étaient ses obligées; elle continua donc à

vivre dans la vallée, à y répandre ses bien-
faits.

Philippe, également mieux avisé que le
successeur de Jean Gobelin, lequel avait
acheté le titre de marquis de Brinvilliers et
épousé une femme qui devait à tout jamais
flétrir sa noblesse de circonstance, se maria,
non point à une personne titrée, mais à une
jeune orpheline que sa sœur avait recueillie.

Un soir, c'était, je pense, en l'année 1790,
la famille Oberkampf prenait le frais sur une
terrasse attenant à la maison, et d'où l'on domi-
nait cette belle vallée de la Bièvre, jadis si
désolée, aujourd'hui si riche et si vivante.

Il faisait une chaleur extrême, et M. Oberkampf, qui supportait difficilement une tem-
pérature un peu élevée, avait mis habit bas.

Hanz, dans le même négligé, était assis
en face de lui, près d'une table chargée de
verres.

Les dames se tenaient à l'écart et travaillaient
à l'aiguille.

Tout à coup, Lúiz Oberkampf, le jeune fils de Philippe, fit irruption sur la terrasse : « Père, dit-il, voici des visites, et des fameuses je t'en réponds! »

M. Oberkampf fronça le sourcil. Je n'y suis pour personne, dit-il. Ma chère Anne, ajouta-t-il en se tournant vers sa femme, ayez la bonté d'aller voir ce que c'est;... Faites en sorte de nous débarrasser des importuns. En vérité je frémis rien qu'à l'idée de reprendre mes vêtements, fut-ce même pour obliger le roi.

— Il est si malheureux notre pauvre roi, reprit Luisa, que je suis certaine que pour lui rendre service tu ferais bien autre chose que d'endosser ta veste.

— Eh bien, tante, s'écria Luiz, si tu ne te trompes pas, papa va reprendre son habit, car les gens qui le demandent sont les délégués du rói.

— Non, reprit mélancoliquement M. Ober

kampf, non mon fils, ils ne sont pas les délégués du roi ; toutefois, je vois bien par cette
explication qu'il me faudra reprendre ma veste.
En disant cela il se mit en devoir de passer
ses manches.

Il avait à peine achevé d'ajuster la dernière,
lorsque sa femme rentra sur la terrasse ; elle
était presque aussi effarée que son fils et con-
firma ce qu'il venait de dire.

C'était peu de temps après le décret de l'Assemblée nationale qui avait ordonné le partage
du territoire français en quatre-vingt-trois dépar-
ments. Or, le premier vote du conseil général
de Seine-et-Oise avait été un acte de reconnaissance envers le généreux suisse qui,
ayant adopté la France pour patrie, avait doté
le pays tout entier, et en particulier l'arron-
dissement de Versailles, du bienfait de ses
magnifiques manufactures ; une députation du
conseil venait ce jour même annoncer à M. Oberkampf que l'érection de sa statue sur la place

du marché de la capitale du département avait été votée à l'unanimité.

Philippe avait trop le sentiment des convenances et de sa propre valeur pour accueillir cette ouverture autrement que par des expressions de gratitude ; mais il refusa obstinément l'honneur qu'on lui offrait.

— Je n'ai pas besoin d'être coulé en bronze, répondit-il pour revivre dans le cœur de mes amis quand je n'y serai plus, et le souvenir que les ouvriers de Jouy garderont de moi suffit à mon ambition.

Dix années plus tard, le même sentiment de modestie l'entraîna à se défendre de faire partie du sénat ; mais il ne put également refuser la croix de la Légion d'honneur que l'empereur Napoléon Ier détacha un jour de sa boutonnière pour la lui offrir.

Les dernières années de ce grand et simple citoyen furent abreuvées d'amertumes ; il survécut à tous ceux qu'il aimait, même à son fils qui mourut à la fleur de l'âge. Mais Dieu, en lui donnant le génie, l'avait en même temps doué de toutes les vertus; celle de sa résignation fut parfaite. A ceux qui déploraient la solitude de sa vieillesse, le plaignant de ce que le destin l'eût privé de son fils, il répondait un peu comme le général thébain.

— Jouy et Essonne, avait-il l'habitude de dire, m'en tiendront lieu.

Ces deux manufactures étaient effectivement deux victoires de l'industrie qui devaient l'immortaliser.

C'est à Essonne, comme l'on sait, que fut établie la première filature de coton que l'on vit en France, et c'est aux soins de M. Oberkampf, mort en 1815, que l'on a dû cet établissement. A. D.

LA PÊCHE.

Plusieurs enfants réunis autour d'un vieillard interrogeaient son regard avec une attention inquiète. Ce jour même les pêcheurs
d'un petit village de Normandie étaient partis
dès le matin pour la pêche; et bien que
le soleil eût quitté depuis quelques instants
l'horizon, et que la ligne lumineuse que son
passage avait laissée sur la mer commençât à
s'éteindre dans les flots, personne n'était
encore de retour. Plusieurs fois on était allé interroger la plage, mais elle restait silen-
cieuse; pas une barque n'était venue annoncer

le résultat de la journée, et l'agitation commençait à troubler la jeune assemblée.

— Mes enfants, leur dit enfin l'honnête vieillard, qui, paisiblement assis sous la vigne qui abritait sa chaumière, restait calme, parce qu'une longue expérience lui avait appris combien d'incidents peuvent retarder la pêche; mes enfants, soyez sans inquiétude; nos pêcheurs sont habiles, le temps est calme; ils auront voulu profiter de l'occasion, et d'ailleurs, avec du courage, on se tire toujours d'affaire. Tenez, moi, la première fois que je suis allé seul à la mer, maître de ma barque, je suis resté deux jours absent, j'ai affronté bien des dangers, et cependant j'en suis revenu sain et sauf.

— Et aviez-vous fait bonne pêche, père Michel? dirent ensemble les jeunes auditeurs.

— Pour la pêche, cette fois, il n'en fut guère question; mais cependant la journée ne m'a pas moins profité. C'était, il y a environ cinquante ans, le jour de la première pê-

che de l'année, époque solennelle et impor-
tante que j'attendais avec une vive impatience.
Le soleil s'était levé brillant comme aujour-
d'hui, le temps était magnifique, et j'allais
enfin prendre part à ces expéditions aven-
tureuses, pleines de dangers il est vrai, mais
aussi de joies et d'espérances. Je n'étais plus
un enfant, j'étais un homme désormais; si je
réussissais dans cette épreuve décisive, à
mon tour je pourrais donc venir en aide à ma
mère, à ma bonne sœur, et reconnaître tous
les soins dont elles m'avaient entouré jusque-là. Aussi étais-je profondément ému :
je désirais et redoutais en même temps le
départ. Quand, avant de nous embarquer,
nous nous rendîmes, la bannière du village
déployée devant nous, à la chapelle de No-
tre-Dame-des-Pêcheurs, je vous assure que
personne ne pria avec plus de ferveur la
sainte Vierge, patronne des marins, et ne
lui demanda avec plus d'ardeur que moi sa
protection. Aussi encore à cette heure, lorsque

je me rappelle comment cette journée si
difficile se termina heureusement, je ne
doute pas que la prière du pauvre pêcheur n'ait
été exaucée. Enfin, le signal du départ se fit
entendre, tous les bonnets se parèrent des ru-
bans bénis pendant l'office, et l'on se dirigea vers le village. Pour moi, j'avais repris
quelque confiance; j'étais alors jeune, alerte,
mes bras maniaient vigoureusement l'aviron,
mon œil était perçant, et comme un autre
je pouvais compter sur les succès. Tandis que
mes camarades me devançaient à la mer, je
voulus rassurer ma mère et lui dire un
dernier adieu; elle me retint près d'elle jusqu'au dernier moment, m'adressant encore de
nombreux avis, de prudentes recommanda-
tions. Enfin je partis. Quand j'arrivai sur
le rivage, les voiles fuyaient de toute leur vitesse à l'horizon. Je n'avais pas un instant
à perdre pour les rejoindre; je détache donc
ma barque, je saute dedans, et j'allais donner le premier coup de rame, quand tout

à coup un homme pâle, défait, les vêtements en désordre paraît sur la plage, et
de loin s'adressant à moi : « Arrêtez! arrêtez! » dit-il. Mon bras resta suspendu, et tandis que je le regardais d'un œil étonné :
« Vous êtes jeune, vous devez être honnête,
généreux, ajouta-t-il; eh bien, si vous ne venez à mon aide, je suis un homme perdu,
déshonoré! » A ces mots, je m'élançai vers
lui en m'écriant : — Grand Dieu! qu'avez-
vous fait? que vous faut-il?

— Ecoutez, me dit ce malheureux, qui
tout en me parlant pouvait à peine retenir
ses larmes, je ne puis rien vous expliquer;
il faut que vous ayez confiance en moi;
mais, devant Dieu qui nous entend (et à cette
parole il éleva sa main vers le ciel), je vous
jure que je suis innocent, que ma conscience
n'a rien à me reprocher. On me poursuit in-
justement parce qu'on a donné mon nom, mon
signalement, et cependant il faut que je quitte
la France, que je passe sans délai en An-

gleterre. Je ne puis entrer dans aucune ville, me présenter à aucun capitaine des vaisseaux qui traversent la Manche. Voulez-vous me conduire en Angleterre ? il y va de mon honneur, de ma vie !

— Je suis prêt, lui répondis-je ; partons.

Il s'avança vers ma barque ; puis, s'arrêtant tout d'un coup : — Tenez, dit-il avec tristesse en tirant une bague de son doigt, voici tout ce qui me reste ; je ne veux pas vous tromper. — Non, Monsieur, fis-je en repoussant le bijou qu'il me présentait, vous me semblez en avoir plus besoin que moi. Si vous m'avez dit la vérité, si j'ai sauvé un honnête homme, je serai assez récompensé ; si, au contraire, vous vous êtes joué de moi, je ne voudrais pas de votre or ; il me porterait malheur.

L'inconnu me serra la main et nous partîmes. Ce fut une rude besogne que cette traversée. La mer était forte, et chaque vague menaçait presque de nous engloutir. Il me

fallut des bras vigoureux; et encore n'avan-
cions-nous que lentement. Mon compagnon,
paraissant vivement préoccupé, se tenait si-
lencieux à l'une des extrémités de notre frêle
embarcation. La journée se passa ainsi. Vers le
soir, nous fîmes un instant de halte pour
rompre un morceau de pain et boire une
gorgée de rhum; mon compagnon, épuisé, en
avait surtout besoin. C'était déjà un vieillard, d'une physionomie bienveillante dont le
calme habituel était en cet instant altéré par
les soucis et la fatigue; depuis douze heures il
n'avait pas mangé. La nuit surtout fut pé-
nible. Quoique le vent nous fût favorable, je
n'avançais que lentement, allant parfois au
hasard quand le ciel se couvrait, et qu'il
me devenait impossible d'essayer de découvrir
la terre au loin ou de me diriger à l'aide des
étoiles. Un moment je crus que nous étions
perdus : le vent soufflait avec violence; les va-
gues qui s'élevaient autour de nous nous ballot-
taient sans que nous puissions résister. Mes

bras abandonnèrent les rames avec découragement, et je me recommandai à Dieu. Cette
courte prière ranima mes forces : je repris
mes avirons, et je ramai vigoureusement. Le
vent enflait ma voile; et après bien des efforts nous abordâmes à la côte de Douvres.

— Vous êtes en Angleterre, dis-je à l'inconnu.

A cette parole, son œil éteint se ranima; il
me serra dans ses bras en s'écriant : « Merci,
jeune homme, si Dieu maintenant nous pro-
tège, je suis sauvé! » Puis avant de me
quitter, il me demanda mon nom, celui du village que j'habitais, et s'éloigna, non sans
me faire un geste expressif d'adieu. Resté
seul, je m'occupai du retour, qui se fit assez
rapidement; de telle sorte que j'arrivai en
France au milieu de la nuit, le lendemain
du jour où je l'avais quittée si précipitamment.
C'est seulement alors que je songeai à ma
mère, que j'avais abandonnée sans la prévenir,
à ses inquiétudes, à sa douleur, quand elle

ne m'aurait pas vu revenir de la pêche avec mes camarades. J'amarrai en hâte ma barque, et, sans plus tarder, je me dirigeai vers le village. Tout était calme, sombre; chacun se reposait des travaux de la journée. Une fenêtre cependant celle de ma chaumière était éclairée; ma mère, assise à l'angle de la cheminée, versait des larmes, tandis que ma sœur lui lisait une page de la Bible. Au premier coup que je frappai, toutes deux se levèrent, et bientôt nous fûmes dans les bras l'un de l'autre, tout entiers à la joie de nous revoir. Ma mère cependant allait m'adresser des reproches sur cette longue et cruelle absence, quand je lui racontai ce qui m'avait obligé de manquer à la pêche et au rendez-vous du soir.

— Tu as sauvé un malheureux, mon brave Michel ! alors plus de larmes, plus de regrets; mieux vaut une bonne action qu'un grand profit.

Il fallait cependant réparer le temps perdu, soutenir notre modeste ménage. Mais j'avais

des amis; à leur tour ils vinrent à mon
secours. Je travaillai un peu plus; j'étais
le premier à la mer, et je la quittais le dernier. Enfin je pense que le ciel voulut me
récompenser; car tout me réussissait, tout
me profitait si bien, qu'en peu de temps
j'avais pourvu aux plus pressantes nécessités et
presque amené l'abondance dans notre maison.

Trois mois s'étaient écoulés; j'avais à peu
près oublié mon aventure et ma traversée
précipitée, quand, un matin, je reçus un
paquet contenant une assez forte somme,
à laquelle était jointe une lettre. Le vieillard alors tirant un portefeuille de sa poche,
prit une lettre, dont les angles, le papier
froissé et sali, prouvaient qu'elle avait été
souvent relue.

Elle était ainsi conçue, dit-il :

« Mon brave Michel, mon bienfaiteur,

» Je suis négociant; depuis longtemps mon
nom était connu et honoré. Pendant une

absence, mon caissier s'était enfui avec la plus
grande partie de ma fortune. Le lendemain,
je ne pouvais plus payer les billets que j'a-
vais souscrits, et, comme le misérable qui
m'avait volé avait toujours eu ma confiance, on
me soupçonna d'être d'accord avec lui. On
me prononça le mot de banqueroute fraudu-
leuse, on mit tous mes biens sous les scel-
lés, et comme ma ruine entraînait celle de
nombreux intéressés, on résolut de m'empri-
sonner. Que pouvais-je faire? subir mon sort
avec désespoir. Je m'y résignai, quand j'appris que mon caissier s'était réfugié à Londres. De suite je me décidai à partir. Mais
quand on sut que je voulais quitter Rouen, les
soupçons augmentèrent. A l'instant où je
fuyais comme un coupable, des soldats, des
hommes de justice se présentaient chez moi :
je ne réussis à leur échapper qu'en fran-
chissant en toute hâte et comme un malfai-
teur le mur d'un jardin qui, de la maison
que j'habitais, communiquait à la campagne.

Je marchai toute la nuit sans prendre un seul instant de repos, sans oser m'arrêter, ignorant ce que je ferais et même où j'irais, car j'étais signalé dans tous les ports; on savait que je voulais passer en Angleterre, et aucun capitaine n'aurait consenti à me recevoir sur son vaisseau. Irrésolu, j'errais depuis deux jours sur la côte, quand je vous rencontrai. Vous avez eu confiance en moi, et vous m'avez sauvé. J'ai retrouvé à Londres, mon caissier infidèle; il avait encore les fonds qu'il m'avait dérobés. J'ai pu faire honneur à mes affaires et rentrer, la tête haute dans la ville qui m'avait proscrit. C'est à vous que je dois l'estime et la fortune que j'ai retrouvés : acceptez donc un témoignage de ma reconnaissance et de mon amitié. »

— J'hésitais cependant, continua Michel; mais quelques jours plus tard cet excellent homme était chez moi, me traitant comme un fils bien-aimé, et m'obligeant de recevoir une somme qui dépassait de beaucoup le service que je lui avais rendu. Depuis, chaque année il revint passer avec nous...

Tout à coup le vieillard s'interrompit et dit avec quelque agitation :

— Et quoi ! pas encore de retour !

En effet, les heures s'étaient écoulées, la nuit avait couvert le village de ses épaisses ténèbres et pas une barque n'avait paru. Durant son récit, le conteur, cédant aux craintes qu'il avait voulu calmer parmi ses auditeurs, s'était arrêté plusieurs fois, prêtant une oreille attentive aux bruits lointains de la mer sans qu'aucun signal vînt le rassurer. Il ne pouvait plus maîtriser son inquiétude, quand la lueur des flambeaux dissipant l'obscurité et de joyeux cris partant du rivage annoncèrent le retour des pêcheurs et le succès de leur expédition.

LE VILLAGEOIS GÉNÉREUX.

Dans un débordement de l'Adige, le pont de Vérone fut emporté, une arcade après l'autre. Il ne restait plus que l'arcade du milieu, sur laquelle était une maison, et dans cette maison une famille entière. Du rivage on voyait cette famille éplorée, tendre les mains, demander du secours. Cependant la force du torrent détruisait à vue d'œil les piliers de l'arcade. Dans ce péril, le comte Spolvérini propose une bourse de cent louis à celui qui aura le courage d'aller sur un bateau délivrer ces malheureux. Il y avait à courir

le danger d'être emporté par la rapidité du
fleuve ; ou de voir, en abordant au-dessous
de la maison, écrouler sur soi l'arcade ruinée.
Le concours du peuple était innombrable, et
personne n'osait s'offrir. Dans ce moment passe
un jeune villageois ; on lui dit quelle est
l'entreprise proposée, et quel sera le prix du
succès. Il monte sur un bateau, gagne à force
de rames le milieu du fleuve, aborde, attend au
bas de la pile que toute la famille, père
mère, enfants et vieillards, se glissant le
long d'une corde, soient descendus dans le
bateau. « Courage, leur dit-il. Vous voilà
sauvés ! » Il rame, surmonte l'effort des eaux,
et regagne enfin le rivage.

Le comte Spolvérini veut lui donner la récompense promise. « Je ne vends point ma
vie, lui dit le villageois ; mon travail me suffit
pour me nourrir, moi, ma femme et mes
enfants ; donnez cela à cette pauvre famille, qui
en a plus besoin que moi. »

Il serait bien facile, je crois, d'ennoblir

de tels incidents sans en altérer le pathéti-
que ; et un poème où l'humanité se présen·
terait sous des formes si touchantes, se pas-
serait fort bien de ce qu'on appelle le mer-
veilleux.

L'ÉDUCATION.

Entrez dans la plupart des maisons, vous y verrez les enfants rôder autour des tables, y dévorer des yeux l'or et l'argent que le père et la mère, dont ils partagent les passions, disputent aux étrangers.

Caresser les enfants dans le gain, les repousser dans la perte, se servir de leurs mains pour mêler les cartes, pour remuer des dés, ou choisir des billets de loterie, n'est-ce pas souffler dans ces jeunes âmes les premières étincelles de la fureur du jeu? n'est-ce pas fonder leur témérité future sur des idées fausses et pusillanimes?

Que les instituteurs faits pour prévenir,

retarder ou corriger les inclinations nuisibles,
apprennent à leurs élèves à se servir du peu
d'argent qu'on leur accorde, jamais à le risquer, surtout au jeu du hasard. Le parti le
plus sûr, dit Locke, est de leur interdire les
cartes et les dés. Ce n'est pas la théorie
de la morale qui manque, c'est l'art de l'in-
culquer par des signes sensibles et frappants.

Un vrai philosophe consulté par le roi de
Suède, vient de conseiller à ce vertueux mo-
narque de faire construire des monuments qui
rappellent sans cesse à ses sujets combien
la vertu est auguste, et le vice abject. Ce philosophe veut que les grands chemins, que
les places publiques, les villages, les entrées
des villes, les portiques des temples, présentent
de toutes parts ces utiles monuments.

Je voudrais, dit V..., qu'on criât les atro-
cités juridiques, comme on crie les heures
dans quelques pays; et moi, pour inspirer à
la jeunesse l'aversion de tout ce qui est bas ou
criminel, je voudrais qu'au lieu de citer à
tout propos des maximes dénuées de per-
suasion, on eût recours à des exemples puisés,
selon les occurences dans les diverses con-
ditions des hommes de nos jours.

« Parle-t-on d'un menteur, d'un prodigue

ou d'un avare, me disait un père de famille,
qui savait comment l'esprit se fausse et le
cœur se gâte, avant de le définir à mes enfants,
je le leur montre en action : j'imprime de bonne
heure dans ces jeunes cerveaux, la physionomie et la difformité de chaque vice, afin
qu'ils s'en ressouviennent un jour, afin qu'ils
le reconnaissent de loin, et que, s'ils se
laissent séduire, ils n'échappent pas du moins
aux remords salutaires. Je ne fais pas grand
bruit, ajoutait-il ; autant que je le puis, je
les instruis par signes ; tenez, soit qu'ils sor-
tent, soit qu'ils rentrent, voilà par où ils
passent. »

J'aperçus des haillons, tristes dépouilles
d'un joueur qualifié ; les plus viles ressources
l'avaient dégradé ; la misère la plus honteuse
l'avait lentement consumé ; au bas de ce
tableau parlant, on lisait ces mots : *Der-*
nier habit d'un tel. Le reste faisait mention
de sa naissance, des grands biens qu'il avait
perdus, et de l'impuissance de ses regrets.

Un citoyen recommandable par ses lumières
et par son zèle pour tout ce qui a rapport
au bien public, observait dernièrement que
l'éducation ne finit pas avec les maîtres ; qu'il
en est une seconde, non moins essentielle

que la première, laquelle exige, de la part des parents, beaucoup d'attention et de sagacité. Peu de gens, disait-il, voudront imiter le procédé d'un riche habitant de la ville de Riom qui, voyant son fils prêt à s'oublier au jeu, le laissa faire. Ce jeune homme perdit une somme assez considérable : « Je la payerai, lui dit son père, parce que l'honneur m'est plus cher que l'argent; mais expliquons-nous : vous aimez le jeu, mon fils, et moi les pauvres; j'ai moins donné depuis que je songe à vous pourvoir; je n'y songe plus. Un joueur ne doit pas se marier; jouez tant qu'il vous plaira, mais à cette condition : je déclare qu'à chaque perte nouvelle, les infortunés recevront, de ma part, autant d'argent que j'en aurai compté pour acquitter de semblables dettes; commençons dès aujourd'hui. » La somme fut sur-le-champ portée à l'hôpital, et le jeune homme n'a pas récidivé.

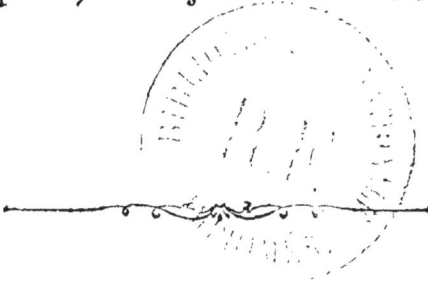

L'AINÉ DE LA FAMILLE.

Monsieur Dufresne avait coutume de payer tous les dimanches une petite pension à ses enfants, pour qu'ils eussent le moyen de se procurer les plaisirs innocents de leur âge pendant le cours de la semaine. Aussi confiant que généreux, il n'exigeait point qu'ils lui rendissent compte de l'emploi qu'ils faisaient de ses largesess. Il les croyait assez bien nés pour suivre les conseils qu'il leur avait donnés quelquefois à ce sujet. Hélas! quelles suites affreuses produit cette aveugle sécurité.

A peine les enfants avaient-ils reçu leur paie ordinaire, qu'ils couraient aussitôt en

acheter des pâtisseries et des confitures. Leur
bourse recevait dès ce jour même, une atteinte
si profonde, qu'il n'en fallait qu'une bien,
légère pour l'épuiser, le lendemain ; en sorte
qu'il ne leur restait plus rien pour se régaler
les jours suivants. Cependant leur bouche
affriandée n'en demandait pas moins à se
repaître. Le marchand consentit d'abord à
leur donner à crédit; mais comme leur pension
ne pouvait suffire à les acquitter, leurs dettes
grossissaient tous les jours. Il résolut enfin
d'en présenter le mémoire à leur père. M. Dufresne leur fit de sévères reproches de leur
imprudence, et défendit à tous les marchands
des environs de ne rien donner à ses enfants
qu'ils ne fussent en état de payer sur l'heure.
Cette précaution qui semblait assez sûre pour
les forcer à vaincre leur gourmandise ne fit que
l'irriter davantage; et ils ne songèrent plus
qu'aux moyens de satisfaire ce goût désordonné.

Pascal, l'aîné de la famille, et le plus auda-
cieux, couchait tout près de son père. Après
avoir remarqué le temps où il était plongé
dans un profond sommeil, il se leva sans
bruit, fouilla dans sa bourse, et y prit un écu.
Enhardi par ce funeste succès, il renouvela
plusieurs fois ses larcins Mais il n'est point

de crime si secret, que tôt ou tart il ne se découvre.

M. Dufresne avait un procès à la veille d'être décidé. Comme il s'en était occupé toute la journée, les mêmes pensées l'agitaient encore, et il les creusait dans le silence de la nuit. Pascal, le jugeant endormi, crut que c'était le moment d'exécuter son indigne entreprise. Malheureusement pour lui la lune jetait alors assez de rayons dans leur chambre pour qu'une faible lumière se répandît à travers l'épaisseur des rideaux. Quel fut l'effroi de M. Dufresne de se voir voler par son propre fils ! il dévora son ressentiment pendant le reste de la nuit. Mais avant que Pascal sortît de sa chambre, il s'habilla, et, après divers propos indifférents : Qu'est-ce que tu achèteras aujourd'hui, lui dit-il, pour ton déjeuner? Rien, mon papa, répondit le détestable menteur. J'ai donné aux pauvres ma pension de la semaine : il faudra bien me contenter de pain sec.

M. Dufresne ne put contenir plus longtemps son indignation. Il saisit Pascal, le dépouilla, et trouva dans ses poches deux écus de six francs qu'il venait de lui dérober. Autant il avait témoigné jusqu'alors de tendresse et d'indulgencé, autant il fit éclater de courroux et de rigueur. De vives réprimandes ne furent que l'annonce d'un traitement plus sévère ; et le malheureux fut obligé de passer quelques jours au lit, pour se rétablir des suites de cette correction.

Combien il est difficile d'extirper un vice qu'on a laissé trop longtemps s'enraciner dans son cœur ! Pascal ne fut point corrigé par cette aventure. La clef de la cassette de son père était tombée par hasard entre ses mains, il en tira l'empreinte sur la cire molle ; et, sous un prétexte spécieux, il en fit forger une pareille par le serrurier. Il avait maintenant une occasion bien commode de piller le trésor de la famille. Comme son père avait beaucoup d'argent, et qu'il était assez rusé, lui, pour n'en jamais prendre trop à la fois, ses rapines restèrent longtemps inconnues. Il parvint jusqu'à sa quinzième année, composant si bien sa conduite que ses parents croyaient n'avoir plus aucun reproche à lui faire, lorsqu'une circonstance imprévue dévoila tout à coup son indigne hypocrisie.

Son père, dans le paiement d'un billet, avait reçu, par mégarde, une pièce de monnaie étrangère. Il la laissa pour le moment avec

les autres, avec le projet de l'en retirer le jour
d'après. Cette pièce tomba le jour même entre
les mains de Pascal, dans une saignée qu'il fit
à la cassette. M. Dufresne, qui l'avait si bien
remarquée la veille, ne la trouva plus le lendemain. Les anciennes inclinations de son fils
revinrent dans sa mémoire, et Pascal devint
l'objet de ses premiers soupçons. Il monta sou-
dain dans sa chambre, visita sa bourse, et,
avec un morne désespoir, il y trouva la pièce
qui lui manquait.

Pascal était trop grand pour que son père
crût devoir le châtier comme la première fois.
Il se contenta de lui reprocher vivement son
indignité, en le menaçant de lui retirer sa tendresse. Il consulta ses amis sur la manière
dont il devait traiter ce jeune scélérat. Les plus
sages lui conseillèrent de le faire enfermer
quelques mois dans une maison de correction,
afin de lui donner le temps de se repentir de
son crime, et de s'accoutumer à une vie frugale.
Cependant la crainte de le déshonorer, et les
combats de l'amour paternel, qui n'était pas
encore entièrement éteint dans son cœur, ne
lui laissèrent pas la force de profiter de cet avis
salutaire. Il aima mieux employer une voie
plus douce. Il envoya son fils continuer ses

études dans une ville éloignée, sous la tutelle d'un ami vigilant, auquel il prescrivit de ne lui donner d'argent que ce qui lui serait indispensablement nécessaire.

Précaution, hélas! trop tardive : Pascal était absolument corrompu. Il avait chez son tuteur une nourriture abondante, qui, sans être recherchée, était préparée avec soin pour devoir contenter son goût. Mais il fallait à sa sensualité des morceaux plus fins et plus délicats. Il fit un marché secret avec un traiteur qui connaissait la richesse de son père, pour lui fournir ce qu'il y aurait de plus friand dans les marchés. Un marchand de vin s'engagea également à lui procurer les liqueurs les plus exquises : il ne se trouva pas encore satisfait : il voulut prendre part aux débauches que les jeunes gens de la ville allaient faire dans les auberges des villages voisins ; et comme son tuteur refusait de contribuer à ces dissipations, il s'adonna au jeu, et apprit toute espèce de friponneries pour escroquer de l'argent.

Le ciel paraissait s'intéresser visiblement au changement de sa conduite, en ne permettant pas qu'aucune de ses basses manœuvres demeurât impunie. Trois des plus robustes joueurs, qui s'aperçurent une fois de ses

tours, tombèrent sur lui et le chargèrent de
tant de coups qu'il fut près d'en mourir sur
la place.

On le transporta tout ensanglanté dans sa
chambre. Son tuteur accourut et lui prodigua
ses soins et les secours. Il attendit qu'il fût
entièrement rétabli pour lui représenter, avec
les expressions les plus touchantes, les malheurs dans lesquels il courait se précipiter.
Infortuné jeune homme, lui dit-il, qui vous
porte à des excès si honteux ? Vous déshonorez
un nom que la probité de vos aïeux a rendu
respectable. Vous ravissez à vos parents les
plus douces espérances qu'ils formaient en
cultivant votre éducation. Lorsque vos jeunes
concitoyens, qui consacrent à l'étude le temps
que vous perdez dans les scènes scandaleuses,
seront recherchés dans votre patrie, et portés
aux fonctions les plus distinguées, vous,
comme un homme abject et dangereux, vous
vous verrez méprisé par la vile populace, et
banni de toutes les sociétés de gens d'honneur.

Ces discours firent d'abord sur lui quelque
légère impression. Il suspendit tout commerce
avec les complices de ses égarements ; il se
contenta de sa nourriture ordinaire, et l'étude

semblait prendre de l'empire sur son esprit. Mais ces belles résolutions ne tardèrent pas longtemps à s'évanouir. Il se rengagea peu à peu dans son train de vie ordinaire. Il vendit en secret les livres qu'on lui avait donnés. Sa montre, son linge et ses habits eurent successi-vement le même sort ; et il se dépouilla si bien de lui-même, qu'il fut réduit à ne plus sortir de la maison.

Alors tous ses créanciers se réveillèrent à la fois ; et, sur le refus de son tuteur de satisfaire à leur avidité, ils écrivirent à son père, en le menaçant de le faire arrêter s'ils n'en rece-vaient pas une réponse plus agréable. Qu'on se représente l'état du pauvre Pascal. Accablé des reproches de ses créanciers et de l'indigna-tion de son tuteur, des mépris des domesti-ques et de ses propres remords, il ne lui restait plus à attendre que la malédiction de ses parents. Il sentit qu'il avait trop négligé de s'instruire pour trouver des secours dans son travail. Quelquefois il lui venait l'idée d'aller mendier sa subsistance, mais son cœur orgueil-leux ne pouvait s'y résoudre. Il passa un jour entier dans sa chambre, au milieu des plus violentes agitations du désespoir, se tordant les bras, s'arrachant les cheveux, et maudissant

ses vices; mais toujours emporté par sa dépra-
vation, il sortit le soir même pour aller boire
dans une taverne le peu d'agent qui lui restait
encore.

Il s'y trouvait en ce moment deux hommes qui venaient lever des recrues pour les
colonies. Ils remarquèrent sur ses traits le
trouble dont son âme était agitée. Ils se firent
un signe du coin de l'œil, et tournèrent leur
conversation sur l'Amérique. Ils parlèrent de
ce beau pays, de la paie énorme que les troupes y reçoivent. Ils peignirent les avantages
qu'un jeune homme y rencontrerait en foule
pour faire promptement un grande fortune. Ils
nommèrent plusieurs de leurs amis qui, de
simples soldats, étaient devenus officiers et
avaient épousé de riches veuves.

Pascal écoutait ces discours avec une extrême
avidité. Il se mêla bientôt à l'entretien, et
demanda s'il ne pouvait point trouver du service parmi ces troupes. Je puis vous en procurer,
dit un des recruteurs, quoique nous ayons
déjà plus de sujets qu'il ne nous en faut; mais
vous paraissez mériter des préférences; et il
lui offrit quatre louis d'or pour son engage-
ment.

Après quelques combats intérieurs, Pascal

les reçut. Il passa le reste de la nuit à boire, et dès le lendemain il fut envoyé dans une forteresse pour apprendre l'exercice. Il se trouva dans une société composée de paysans grossiers, d'apprentis fugitifs, de mendiants enlevés sur les grandes routes, et de voleurs sauvés du gibet. On lui donna pour maître un caporal dur et rébarbatif qui, l'accablant d'injures et de coups de canne, lui fit éprouver toutes sortes de hontes et de douleurs.

Son malheur allait encore s'accroissant chaque jour. L'argent qu'il avait reçu en échange de sa liberté était déjà consommé dans la débauche. Du pain de munition et une soupe dégoûtante étaient tout ce qu'il avait pour se soutenir. Lucas, jadis gardeur de pourceaux, qui se trouvait alors son camarade, était bien moins à plaindre. Accoutumé dès l'enfance à vivre de pain de seigle et de fromage, il se croyait nourri comme un prince lorsqu'il pouvait manger quelquefois un peu de viande à demi cuite; et il goûtait d'une vieille poule avec autant de plaisir que Pascal aurait goûté d'un faisan. Mais pour celui-ci quelle devait être sa peine, lorsqu'avec une moitié de hareng saur, ou un tronc de chou baigné de graisse fétide, il pensait aux morceaux friands qu'il avait autrefois si recherché !

Quelques jours après, l'ordre du départ arriva. Pascal reçut cette nouvelle avec plus de satisfaction qu'on ne l'aurait attendu. Si tu parviens une fois en Amérique, se disait-il, tu es jeune et bien tourné, tu feras ta fortune comme tant d'autres Européens.

Au milieu de ces brillantes perspectives, il monta sur le vaisseau qui devait le transporter avec sa troupe. Deux ou trois verres d'eau-de-vie, qu'il but avant de s'embarquer, échauffèrent sa tête, et lui firent oublier ses parents Il s'éloigna du rivage avec des cris de joie insensés. Mais cette joie ne fut pas d'aussi longue durée que l'ivresse qui l'avait produite. Tous ceux qui n'avaient pas encore navigué éprouvèrent des maux de cœur violents. Pascal, dont l'estomac était déjà affaibli par ses intempérances, en souffrait plus que personne. Il passa plusieurs jours dans des défaillances continuelles. Il ne pouvait supporter aucune nourriture; la seule vue des aliments révoltait ses entrailles. Des fèves moisies, du bœuf racorni, voilà toutes les friandises qu'il avait maintenant à savourer. On avait d'abord donné aux soldats un pinte de bière par

jour pour les soutenir ; mais on les sevra peu à
peu, et il fallut se contenter d'une petite
mesure d'eau, qu'on était obligé de faire
filtrer pour en tirer les vers dont elle était
remplie.

Après deux mois de vives souffrances, auxquelles se joignaient chaque jour les terreurs et
les accidents d'une traversée orageuse, il
aborda, épuisé de fatigues, de maux et de cha-
grins. Son cœur, aigri par les horreurs de sa
situation, avait laissé corrompre tous ses pen-
chants ; et déjà son esprit ne s'ouvrait plus qu'à
des idées de forfaits. La négligence et les bas-
sesses qu'il commit dans le régiment l'en firent
chasser avec ignominie. On crut devoir le
renvoyer à sa famille, lié et garrotté au fond
de la cale d'un vaisseau, avec d'autres scélérats.

Qu'étaient devenus dans cet intervalle ses
infortunés parents ? Hélas ! ils vivaient encore,
s'il faut nommer du doux nom de la vie des
jours consumés dans les angoisses et le désespoir. La honte des crimes de leur fils, dont
toute leur ville natale était instruite, les avait
forcés de l'abandonner pour chercher un asile
obscur. Ils traînaient leur déplorable exis-

tence dans une retraite écartée, sur le bord de la mer.

Ils y étaient à peine établis, lorsque le vaisseau qui portait Pascal vint aborder entre les rochers, non loin de cette plage. Les criminels qu'on y tenait renfermés avaient brisé leurs chaînes; et, après avoir massacré l'équipage, ils s'étaient rendus maîtres du bâtiment. Ils en sortirent la nuit pour aller piller les maisons répandues sur la côte. M. Dufresne, cette nuit, même veillait au près du lit de sa femme, que la douleur avait réduite, après de longues souffrances, à une cruelle agonie. Dans les transports d'un violent délire, elle répétait le nom de son fils, et l'appelait pour l'embrasser et lui pardonner avant de mourir. Tout à coup la porte est enfoncée, et dix scélérats se précipitèrent dans la chambre, Pascal à leur tête, une hache à la main. M. Dufresne s'avance avec un flambeau; mais avant que son fils ait pu le reconnaître... O nature! nature!... Je ne puis achever.

Enfant, si, après avoir lu cette horrible aventure, vous osiez vous familiariser avec la première idée du vice, tremblez de devenir, par degrés, criminels, et de finir comme Pascal, par un parricide!

LA POULE.

Cyprien était heureux d'avoir un père d'un cœur si tendre, d'un esprit si équitable! Lorsqu'il avait été pendant quelques jours sage et diligent, il pouvait se promettre que M. de Tourville ne manquerait pas de lui en témoigner sa satisfaction par une récompense flatteuse. Il avait du goût pour la culture des fleurs et pour le jardinage. Son père s'en était aperçu, et il profita de cette remarque pour lui procurer, par ce moyen, de nouveaux plaisirs.

Ils étaient un jour à table. Cyprien, lui dit son père, ton précepteur vient de me dire que tu connaissais aujourd'hui l'histoire romaine et la géographie de l'Italie : si dans huit jours tu peux me rendre un compte exact de ce que tu auras appris, je te défie d'imaginer le prix que je réserve à ton application.

Cyprien, comme on peut le croire, retint aisément ce discours. Il travailla toute la semaine sans se rebuter. Que dis-je ! il y prit tant de plaisir, qu'en vérité, c'eût été à lui d'en récompenser son papa.

Le jour de l'épreuve arriva sans l'inquiéter. Il soutint à merveille son examen. Il savait déjà toute l'histoire des rois de Rome, et il traçait lui-même sur la carte les accroissements progressifs de cet empire naissant.

M. de Tourville, transporté de joie, prit et serra la main de son fils. Allons, lui dit-il en l'embrassant, puisque tu as cherché à me causer du plaisir, il est juste que je t'en procure à mon tour. Il le conduisit, à ces mots, dans le jardin, en lui montrant un carré : Je te le cède, lui dit-il. Tu peux le diviser en deux parties ; cultiver dans l'une des fleurs, dans l'autre des légumes à ton choix. Ils allèrent ensuite vers une petite loge adossée à la cabane du jardinage. Cyprien y trouva une bêche, un arrosoir, un râteau, et tous les autres instruments du jardinage, fabriqués exprès pour sa taille, et proportionnés à ses forces. Les murs étaient tapissés de paniers et de corbeilles. On voyait sur des planches des boîtes remplies de greffes et d'oignons de fleurs, et des sachets pleins de graines d'herbages; le tout bien étiqueté d'une belle écriture, avec une carte pendante qui marquait le temps des semences et des récoltes.

Il faudrait encore être à l'âge heureux de Cyprien pour se représenter l'excès de sa joie. Son petit coin de terre était pour lui un grand royaume; et toutes les heures de relâche qu'il perdait auparavant à polissonner, il les employait utilement à cultiver son jardin.

Un jour qu'il en sortait, il oublia imprudemment de tirer la porte après lui. Une poule s'aperçut de son étourderie et eut la fantaisie d'aller à la chasse sur ses terres. Les planches de fleurs étaient couvertes d'un terreau bien gras, et par conséquent abondant en vermisseaux. La poule, friande de cette nourriture, se mit à gratter de ses pieds et à creuser de de son bec pour en déterrer. Elle établit de préférence ses fouilles dans un endroit où Cyprien venait de transplanter des œillets.

Quelle fut la colère du petit garçon lorsqu'à

son retour il vit cette jardinière nouvelle labourer de la sorte ses plates-bandes ! Ah ! maudite bête, lui cria-t-il, tu vas me le payer ! Il courut aussitôt fermer la porte, de peur que la victime n'échappât à sa vengeance, et, ramassant du sable, des cailloux, des mottes de terre, tout ce qu'il pouvait saisir, il les lui jetait en la poursuivant.

La pauvre poule tantôt courant de toute sa vitesse, tantôt, prenant l'essor, cherchait à s'élever au-dessus des murs : son vol n'allait pas à cette hauteur. Elle retomba malheureusement une fois sur les planches de fleurs de Cyprien, et s'embarrassa des pieds et des ailes dans les touffes de ses plus belles jacinthes.

Cyprien, qui la vit ainsi enchevêtrée, crut tenir sa proie. Deux planches de tulipes et de giroflées le séparaient encore d'elle : emporté par la rage, il les foule lui-même impitoyablement sous ses pieds, pour franchir plus vite l'intervalle. Mais la poule, redoublant d'efforts à l'approche de son ennemi, vient à bout de se dégager, et s'élève de plus belle, emportant à sa patte une jacinthe rose à dix cloches. Cyprien avait saisi son râteau ; il le lance de toute la roideur de son bras. Le râteau tournoyant, au lieu d'atteindre son but fugitif, n'atteignit qu'une glace du pavillon du jardin, qu'il mit en pièces, et se fracassa lui-même deux dents en retombant sur le pavé.

Le petit furibond, plus acharné par tous ces malheurs, avait couru prendre sa bêche, et le nouveau combat aurait eu des suites funestes pour son adversaire, qui, de fatigue et d'étourdissement s'était allé rencongner contre une tonnelle, si M. de Tourville, que le bruit avait dès le commencement attiré à sa fenêtre, ne fût venu à son secours.

A peine Cyprien l'eut-il aperçu, qu'il s'arrêta tout confus, et lui dit : Voyez, voyez, mon papa, le ravage que cette maudite poule a fait dans mon jardin.

— Si tu en avais fermé la porte, lui dit froidement son père, ce dommage ne serait pas arrivé. J'ai vu ta conduite. N'as-tu pas eu honte de rassembler toutes tes forces contre une poule? Elle est privée des lumières de la raison ; et si elle a fourragé tes œillets, ce n'était pas pour te nuire, mais pour chercher sa pâture. Te serais-tu mis en fureur contre elle si elle n'avait gratté que dans les orties? Et où peut-elle avoir appris à faire une différence entre les orties et les œillets? C'est à toi

seul qu'il faut t'en prendre des trois quarts du
dégât. Il fallait la chasser avec précaution,
pour ne rien endommager de plus. Ma glace
et ton râteau ne seraient pas en pièces : toute
la perte serait bornée à quelques fleurs. Il n'y
a que toi de punissable. Si je coupais une branche de ce noisetier, et que je te fisse éprouver
le même traitement que tu voulais faire subir
à la poule, ne serais-je pas plus juste que toi ?
Je n'en ferai rien, pour te convaincre qu'il ne
dépend que de nous de retenir notre colère.
Mais pour la glace que tu m'as cassée, tu vou-
dras bien me la payer de l'argent de tes semai-
nes. Je ne dois pas souffrir de la folie de tes
emportements.

Cyprien se retira confus, et de toute la journée il n'osa lever les yeux sur son père.

Le lendemain, M. de Tourville lui demanda
s'il ne serait pas bien aise de l'accompagner à
la promenade. Cyprien le suivit, mais d'un air
de tristesse qu'il s'efforçait vainement de cacher. Son père s'en aperçut et lui dit : Qu'as-tu
donc, mon fils ? tu me parais affligé.

— Eh ! mon papa ! n'ai-je pas le sujet de
l'être ? Il y a un mois que j'économise sur mes
plaisirs pour faire un petit présent à ma sœur.
J'ai ramassé douze francs que je destinais à lui

acheter un joli chapeau, et il faut que je vous en donne peut-être la moitié pour la glace que j'ai cassée.

— Je crois que tu aurais eu bien du plaisir à donner à ta sœur cette marque d'amitié ; mais il faut que ma glace soit payée la première. Cette leçon t'apprendra, pour toute ta vie, à ne pas t'abandonner à tes fureurs, de crainte d'empirer le premier mal.

— Ah ! je ne laisserai jamais la porte du jardin ouverte, et je ne m'en prendrai plus aux poules de mes étourderies.

— Mais crois-tu que, dans ce vaste univers, il n'y ait que des poules qui puissent te fâcher?

— Eh! mon Dieu, non. Tenez, la semaine dernière j'avais laissé ma mappemonde sur la table. Ma petite sœur vint dans mon cabinet, prit une plume et de l'encre, et barbouilla si bien la surface du globe, qu'il n'est plus possible de distinguer l'Europe de l'Amérique.

— Tu as donc à te préserver du tort que peuvent te faire tes semblables?

— Hélas! oui, mon papa.

— Sans vouloir te dégoûter de la vie, je t'annonce que tu auras à y supporter bien d'au-

tres dommages que ceux qu'une poule et ta
sœur ont pu te causer. Les hommes cherchent
leurs plaisirs et leurs intérêts comme les poules
cherchent les vermisseaux ; et ils les cherche-
ront aux dépens de tes biens, comme les poules aux dépens de tes fleurs.

— Je le vois bien par l'exemple de Juliette,
puisque le petit plaisir qu'elle a pris à faire ses
griffonnages m'a coûté ma plus belle carte de
géographie.

— Ne pouvais-tu pas prévenir cette perte
en serrant la mappemonde dans ton portefeuille.

— Vraiment, oui.

— Songe donc à te comporter toujours si
prudemment que personne ne puisse te faire
de tort réel ; mais si, malgré tes précautions,
tu as le malheur d'en éprouver, sache le supporter de manière à ne pas le rendre plus pré-
judiciable.

— Et par quel moyen, mon papa ?

— Par l'indifférence s'il est léger ; par du
courage s'il est grave. J'ose te proposer pour
exemple ma conduite envers M. Duclion.

— Ah ! ne me parlez pas de cet homme.
Depuis deux ans il ne vous regarde plus ; et il

n'y a sorte d'horreur qu'il ne dise de vous daus le monde.

— Sais-tu ce qui le porte à ces indignités ?

— Je n'ai jamais osé vous interroger là-dessus.

— C'est la préférence que j'ai obtenue pour un emploi que mon père avait excercé pendant trente-cinq ans avec honneur, et dans lequel j'avais été formé de bonne heure par ses instructions. Il n'avait d'autres titres, pour me le disputer, que son ignorance et son effronterie. Mes droits l'ont emporté sur toute sa faveur. Voilà ce qui m'a valu sa haine et ses calomnies.

— Ah ! mon papa, si j'étais aussi grand que lui, je lui ferais bien rengaîner ses propos.

— Je suis de sa taille, et je le laisse dire. La conduite que tu aurais dû tenir avec la poule, je la garde précisément envers lui. Les œillets dont elle a dépouillé la racine en cherchant de quoi se nourrir, c'est l'estime public dont je jouis qu'il travaille à déraciner, pour trouver à assouvir le ver qui le ronge. En cherchant à le punir, je foulerais sous mes pieds le respect et la considération que je me dois à moi-même, comme tu as foulé sous les tiens tes giroflées et tes tulipes. La glace que tu m'as cassée, ton râteau que tu as édenté, ce sont mes biens, mon repos et ma santé que je perdrais dans une vaine et maladroite vengeance. Instruit par l'accident que tu as souffert, tu fermeras désormais ton jardin à la poule : instruit par la méchanceté de mon ennemi, je mets, par ma bonne conduite, une barrière insurmontable entre nous deux. Inaccessible à ses atteintes, je goûte les fruits de ma modération, tandis qu'il se consume dans les efforts de sa malice, jusqu'à ce que le remords vienne le déchirer. En m'affectant de ses outrages, je me ferais la victime qu'il n'aspirait qu'à immoler, et mes dignes amis m'auraient reproché ma faiblesse, mon indifférence pour ses injures.

Cyprien s'endormit le cœur plein d'une tendre reconnaissance pour les sages instructions qu'il avait reçues, et M. de Tourville avec la satisfaction la plus sensible à un bon père, celle de n'avoir pas vécu inutilement cette journée pour le bonheur de son fils.

FIN.

Limoges — Impr. EUGÈNE ARDANT et Cie.

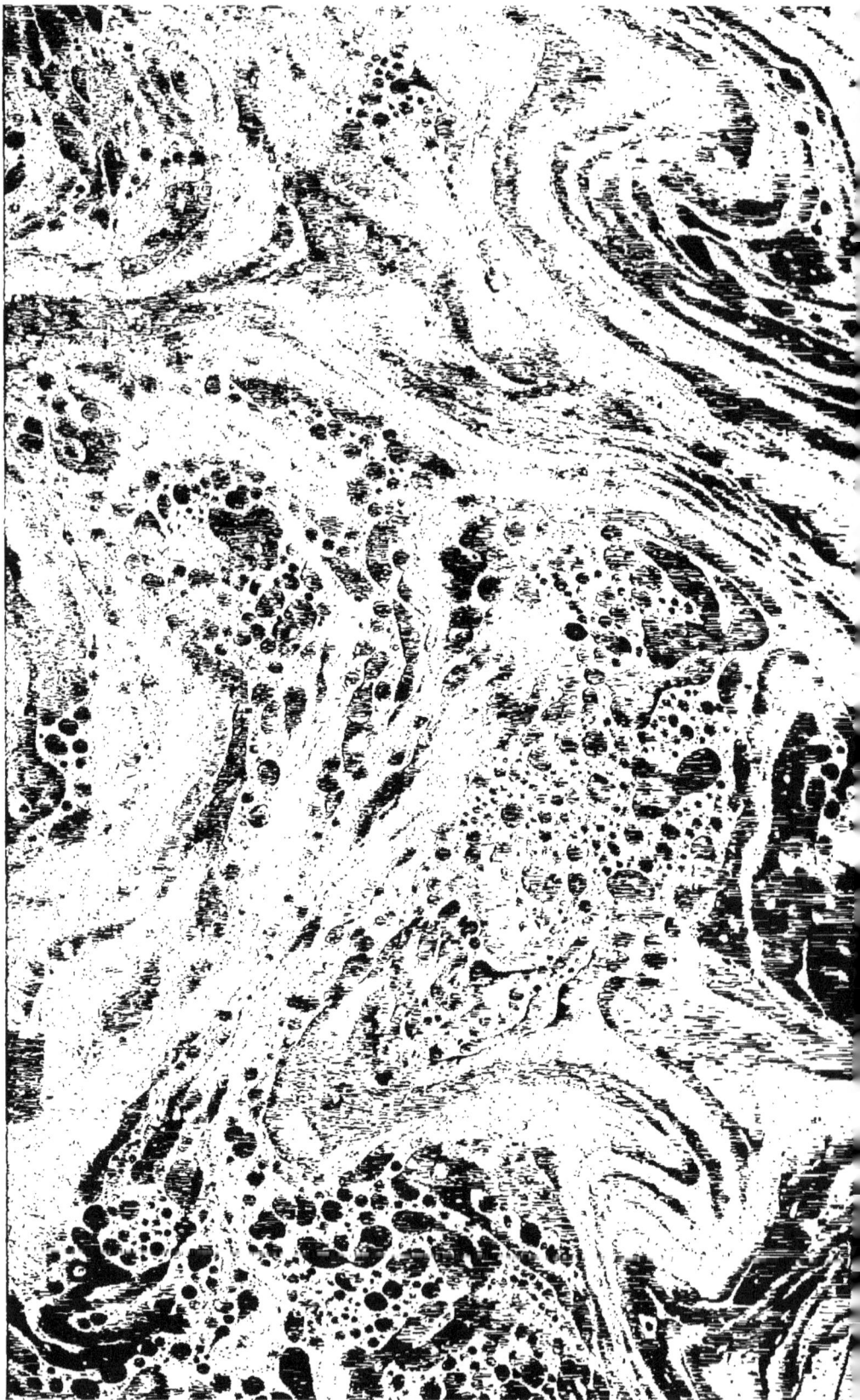

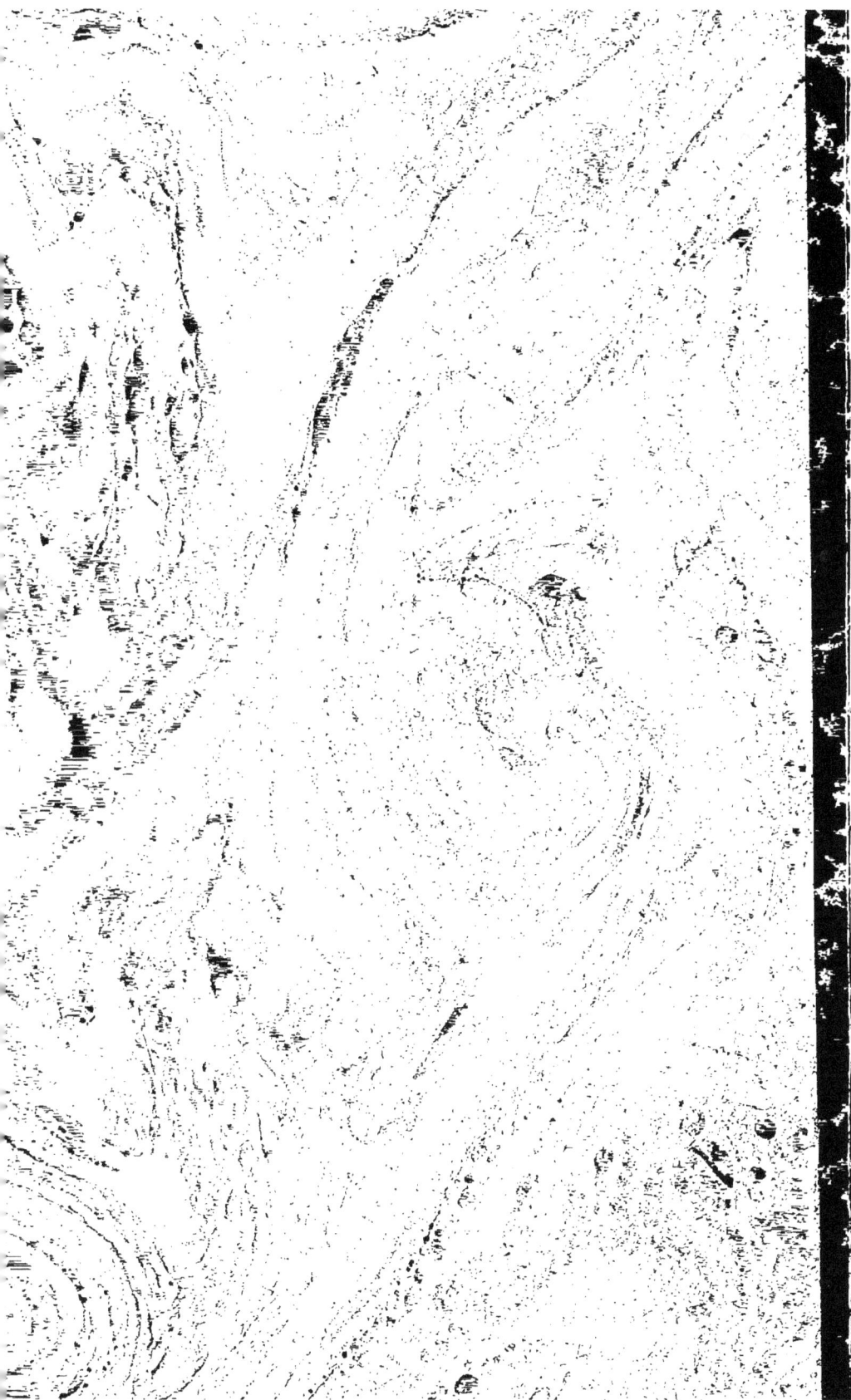

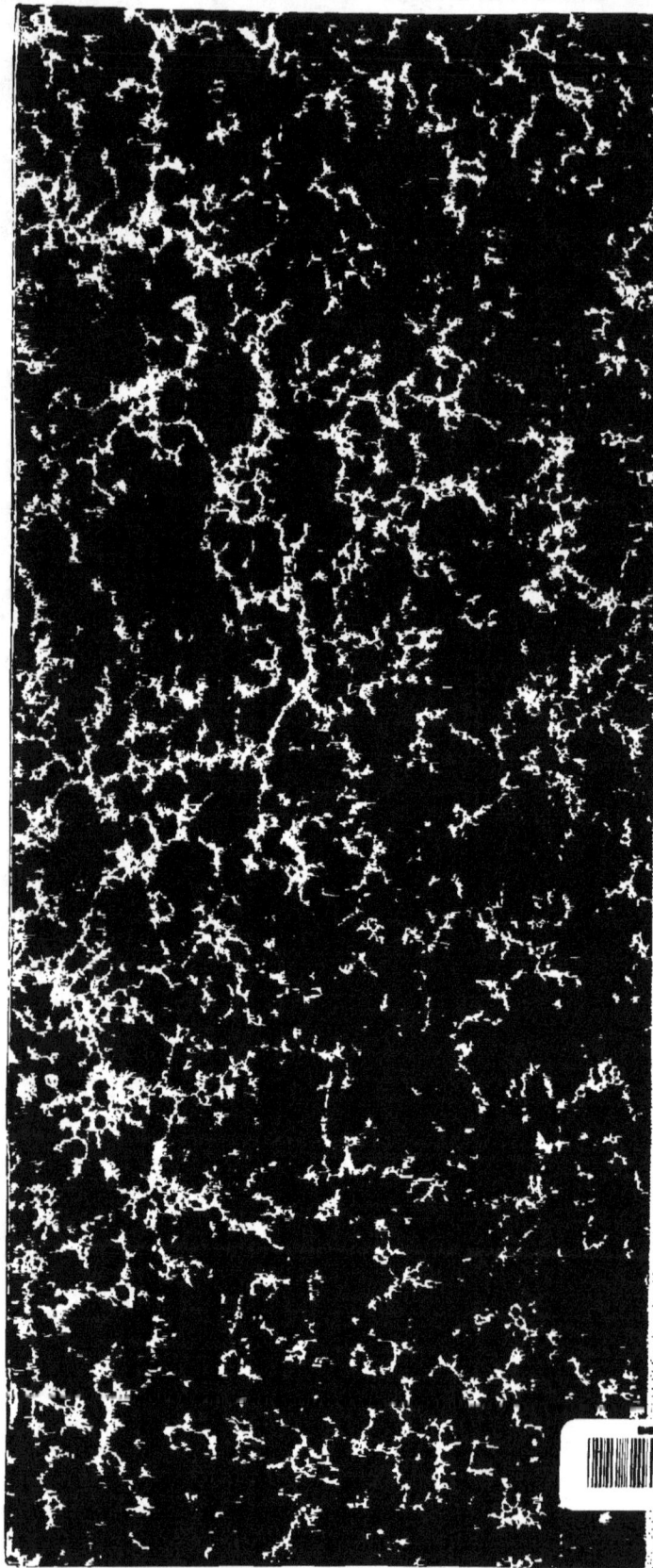